危機の資本システム

世界同時好況と金融暴走リスク

危機の資本システム

世界同時好況と金融暴走リスク

倉都康行
Yasuyuki Kuratsu

岩波書店

目次

リーマン・ショック　破綻した米投資銀行リーマン・ブラザーズ本社前に詰めかける報道陣(2008年9月15日、ニューヨーク、ゲッティ／共同通信イメージズ)

序章

危機の残滓
リーマン・ショックから一〇年

惨劇からの一〇年

世界を揺るがせた、いわゆる「リーマン・ショック」が発生してから二〇一八年で一〇年となった。海外では「リーマン・ショック」ではなく「世界金融危機(グローバル・フィナンシャル・クライシス)」あるいは「大不況(グレート・リセッション)」と呼ぶのが通例だが、日本のメディアに倣って、本書では「リーマン・ショック」で通すこととしよう。

二〇〇八年七月に『投資銀行バブルの終焉』(日経BP社)を上梓し、米国の投資銀行経営の危うさを指摘したその二か月後に、リーマン・ブラザーズが破綻した。書いた当人も、その危機進行の速さや影響度に驚かずにはいられなかった。早いものであの惨劇から約一〇年が経過し、世界経済は、ほぼすべての地域で順調な回復を見せ、主要国の株式市場は、二〇一八年に入って上下動を繰り返しながらも、危機前の水準を大きく上回っている。

自己資本をすり減らした大手金融機関は、公的支援を受けてすっかり立ち直ったように見え、欧米では金融政策の正常化が進行中だ。国内市場縮小という閉塞感に囚われていた日本経済もまた、海外経済の拡大を背に受けて潜在成長率を上回る成長を遂げている。

だが、世界は本当に「リーマン・ショック」を乗り越えて安心できる経済基盤を取り戻したのだろうか。二〇一八年二月以降の不安定な株価動向や、保護主義に傾く米国がしかけた貿易戦争は何か悪い兆候なのではないか、と半信半疑の人は少なくないかもしれない。一〇年近くにわたる金融緩和によるモルヒネ効果に、たんに感覚が麻痺しているだけではないかと疑い続けている人も、決して少なくないように見受けられる。

そうした疑問に対する一つの試論として、本書が採り上げる切り口は「資本システムの耐久性、安定性そして健全性」である。そこから見渡せる景色は、リフレ派らが誇らしげに語ってきた「アベノミクス礼賛」の晴れ舞台では決してない。むしろ、危うさやもろさがあちこちに散見される経済の風景である。

具体的に各国経済の情勢をより深く眺めれば、危機が残した爪痕は完全には消えていないように思われる。リーマン・ショックの「置き土産」として、世界は債務の膨張、金融政策の迷走、地政学の変貌といった潜在的リスクを抱えている、と言ってよいだろう。

「パリバ・ショック」という前哨戦

二〇〇八年九月、当時米国の投資銀行で第四位の規模を誇ったリーマン・ブラザーズが経営破綻し、米議会で金融システム支援の作業が遅れたために株式市場が大暴落を演じたことは、一〇年が経過した今でも、忘れようにも忘れられない史実である。実体経済では需要が「蒸発」し、日本経済も急縮小を余儀なくされて、新卒の就職市場は氷河期を迎えることになった。

その「リーマン・ショック」には前哨戦があった。米国住宅市場におけるサブプライム・ローンの行き詰まりから、二〇〇七年に欧州大手銀行の傘下にあった資産運用会社が、投資家からの解約請求を拒絶する「パリバ・ショック」が発生したのである。これを契機に資本市場の機能が毀損されて円滑な売買が行われなくなり、リスク資産の売りが売りを呼ぶ悪循環が世界中に広がることになった。結果的に信用力の乏しい企業の資金調達が困難になり、二〇〇八年三月には、投資銀行の一角であったベア・スターンズがJPモルガンに買収されることになる。

その後、米国の金融業界には疑心暗鬼が広がり、次なる経営破綻の標的探しが始まった。ゴールドマン・サックスとモルガン・スタンレーは、FRB（連邦準備制度理事会）に拠る金融支援の枠組みに入るために「銀行」を名乗る決断を下し、後者はプライドを捨てて三菱UFJの資本を受け容れた。メリルリンチはバンクオブアメリカの軍門に下った。残ったのはリーマン・ブラザーズである。

リーマン・ブラザーズにはいくつかの金融機関から支援申し入れがあったようだが、結果的には史上最大規模の負債を抱えて経営破綻し、世界の経済と資本市場を未曽有の危機的局面に陥れたのである。

当時、金融危機を克服するには七~八年かかる、との見方が大勢であった。「リーマン・ショック」から数年経過した時点で景気が上向き始めた時期もあったが、それは「偽りの夜明け」に過ぎず、FRBは量的緩和策を三度にわたって実行し、欧州ではギリシア債務問題を発端にして、イタリアやスペインまでを巻き込む債務危機に陥ってしまった。日本でも、デフレ状態からなかなか脱却することができず、日銀は「異次元の緩和」とも呼ばれる、過去に例を見ない大規模な資産買い入れに出動することになる。

それでも先進国における大胆な金融緩和策や、中国政府による巨額の財政支出などが徐々に奏功し、世界経済はようやく本格的な回復基調に入っていく。二〇一七年は個人消費の回復や企業の設備投資の増加などに支えられ、金融危機以降、もっとも安定した成長を遂げて、株式市場も持続的な上昇基調をたどることになった。「全治七〜八年」という初期診断は確かに正しかった、と言えるだろう。

だが、国際資本市場のビジネスに長く深く携わってきた筆者の目には、正常とは判断しかねる要素がいくつも映る。たとえば、中国の不安定な銀行制度や社債市場、ユーロという不完全性をはらんだ通貨、米国の非協調的な自国第一主義、日銀によって買い占められる日本国債、金融政策に依存した投資家の慢心、中東秩序の深刻な揺らぎ、新興国通貨の不安定さ、そして北朝鮮の核問題をめぐる海図なき東アジア情勢といった攪乱材料が、世界各地に時限爆弾のように埋め込まれているからだ。それらが「資本システム」の安定性を常に脅かしている。

二〇一八年二月世界同時株安は警告する

そんな懸念が決して杞憂でなかったことを、二〇一八年二月上旬に起きた米国株安を発端とする世界同時株安は証明してみせた。米国長期金利が急上昇し、ダウやナスダックなど主要株価指数が強烈な下げを演じたのである。他国の市場も影響を免れえず、三万円が視野に入ったと浮かれていた日経平均も一時二万一〇〇〇円台を割り込む展開となった。その株価急落は、米国の「ＶＩＸ(恐怖指数)」と呼ばれる、株価変動率を対象とした投資家の不安感を数値化した市場において、機械的な取引(アルゴリズム取引と呼ばれる)が主導したものであった。

世界経済の動向が順調であることから、市場はこれを「テクニカルな要因による一時的な下落に過ぎない」と受け止め、その後は安定軌道へと戻っていったが、これを単なるプログラムが作り出した一過性の相場急落現象ととらえるのは危険である。それは、過剰な金融緩和の中で世界中の投資家層に広がっていた慢心への警告であり、かつ資本システムの脆弱性を浮き彫りにした現象でもあったからだ。

この不安定性に輪をかけるように、保護主義方針の旗幟を鮮明とするトランプ大統領の通商政策によって、米国自身が設計・導入した国際秩序が大きく揺らいでいる。米国は、中国だけでなく日欧やカナダなど同盟国に対してすらも関税強化方針を打ち出すなど、戦後の経済復興・拡大を牽引してきた自由貿易体制に赤信号が灯っている。国際金融と国際秩序が表裏一体の関係にあることは言うまでもない。歴史は、国際政治情勢の乱流が常に資本システムの波動を乱してきたことを物語っているのだ。

資本システムと金融システム

「資本システム(Capital System)」という言葉に違和感を持たれた方もおられるだろう。金融業界やメディアでは「金融システム(Financial System)」という表現が一般的であるからだ。銀行や証券会社、投信・投資顧問といった資産運用会社、そしてより広義には保険会社までを含め、貯蓄と投資を繋ぐ仲介役として金融機能を司る体系が、巷間「金融システム」と呼ばれている。そして、金融危機が去って経済が回復過程にある中、日本だけでなく欧米や新興国においても「金融システムは安定化し、健全化している」という認識が共有されるに至っている。

この金融システムに対する評価は、銀行の不良債権減少や自己資本比率改善、利鞘の拡大、ＲｏＥ(株主資本収益率)上昇といったミクロな数値で測られるだけでなく、不安が連鎖していく「システミック・リスク」の有無も対象となる。個別の銀行の健全性だけでなく、相互に繋がりの深い金融機関同士を結ぶ体系の強靭さが問われているのである。金融システム状態の改善が、経済発展に寄与することは言うまでもあるまい。

だが、金融システムという視点には、単に貯蓄主体から投資主体へ「おカネが流れる回路」というう静態的なイメージが付きまとう。あたかも高いところから低いところに水が流れるように、マネーが高い利回りを求めて自動的に流れるような印象だ。

確かに金融機関の財務的な改善により、現在その回路はほぼ修復されて、マネーの通り道としての不備は世界的にも解消されているように見える。だがそれは成長への「必要条件」であって、「十分条件」ではないのである。

おカネが経済成長を刺激するには、「資金を資本化する」というダイナミズムが決定的に必要だ。資金はいわばガス・ステーションのタンクに眠ったガソリンであり、自動車に投入されない限り、エネルギーにはならない。資金は、市場を通じて資本に転じることによって初めて経済活動に貢献するのである。金融システムという観察法にはその視点が欠けている。

たとえば、金利を下げただけではマネーは動くとは限らない。逆に、ブレーキをかけてもマネーの動きが止まらなくなることもある。金融政策や金融システムが正常化へ向かっても、必ずしも金融機能が正常化するとは言えないのである。

そんな不可思議なマネーの力学を内包する資本の包括的な回路を、本書では「資本システム」と呼ぶこととする。キーワードは「資金の資本化」である。静的な金融システムに対し、資本システムはより動的に描写されることになる。その意味で、現在の資本システムは決して強靭でも安定的でもなく、とても健全とは言いがたい、というのが現在の筆者の見立てである。

資本システムとは何か――「資金を資本化する」

本論に入る前に、この資本システムをもう少していねいに定義しておくことにしよう。

資本システムを簡潔に言い表すならば、「資本という視座から投影される経済システム」である。資本再拡大のメカニズムを経済成長のエネルギーとする資本主義社会において、資源開発や農業、工業、サービス、貿易などさまざまな面で資本拡大の手法を模索するために、「資金の所有者」と「資本の調達者」はそれぞれ何を考え、何を選択するのか、その判断基準になるのは何か、資金が資本化される際のコスト・リターンはどう決定されるか、それは具体的にどう経済成長に貢献しうるのか、といった多様な問題を提起する場所、それが資本システムである。

言い換えれば、資本システムとは「投資家や企業が、資本市場を通じて相互の利益を拡大させることにより、資本主義社会の経済拡張を図るシステム」と定義しうる。その際に利用される資本市場には、社債や株式市場そして証券化市場だけでなく、銀行による融資も含まれる。そして資金が資本化される際に、市場における価格決定機能がきわめて重要な役割を果たす、というのも資本システムの特徴である。

金融と経済の関係は、よく血流と身体の関係にたとえられる。血管に問題がなく、血液の流れがスムースであれば人間のからだは健康的である、という類のたとえである。その血管や血流はまさに金融システムの役割を言い表している。だが、忘れてはならないのは、その血液を送り出す心臓のシステムである。

心臓を動かしているのは生体電気であり、形成される電流が定期的な心拍を生み出して、体に血液を送っている。これこそが資本システムに相当する機能だと言ってよいだろう。その躍動感のある健全な心房と心室の収縮・拡張が、血液を全身に送り込み、身体にみなぎる生命力を与えているのである。

心臓内における電流の形成・伝達システムが機能しなければ、いくら血管が健全で血流がサラサラになっても身体は健康体でいられない。つまり、資本システムが不整脈を起こしてうまく作動しなければ、いくら金融システムが整備されても経済は安定的に動いてくれないのである。

そんなふうに資本システムをじっくり眺めれば、日本を含め、世界各地での危うい構造が浮き彫りになる。すぐに問題が顕在化するとは限らないが、危機から一〇年が経過したいま、今後の一〇年を見据えようとするときに、足元の楽観に気が緩んで、その脆弱性を軽視、あるいは無視することは実に危険である。

こびりついた危機の残滓

もっとも筆者は、現在の世界的な好況を否定的に見ているのではない。外需に救われているとはいえ、人口が減少し始めている日本の経済が着実に拡大していることは素直に評価すべきであろう。そして資本システムが健全に機能するのであれば、株式あるいは不動産など、リスク資産への中期的な視野での投資は魅力的となるだろう。

二〇〇八年当時、このままではまずいという危機意識が世界に広がり、金融界では銀行の経営健全化や市場商品設計の見直しなどが進んだ。実体経済においても、機械化による事業の効率化やM&Aによる企業再編が進み、企業はＡＩやロボット化に向けた設備投資に前向きになっている。経済の死角がやや薄れ、一〇年前のような危機は再来しないというある種の安心感が、株価や長期金利などさまざまな市場を支えていることも事実である。

だが、GDPが伸びれば、あるいは株が上がればそれでよい、という考え方は実に不健全である。各国で観測される賃金上昇率の頭打ちや格差拡大への悲鳴は、まちがいなく歪んだ経済が発する警戒シグナルなのだ。

そして自由貿易を脅かす保護主義の台頭や世界各国を席巻するポピュリズムの脅威に怯え、市場の暴走や暴落を絶えず懸念せねばならない資本システムが、何らかの処方箋を要求していることも明らかであろう。

ひとつ、付け加えておきたいのは、本書は資本主義が機能不全に陥っているとか、資本主義はいずれ終焉に向かうといった議論に加わるものではないことだ。問題はあくまで資本主義の構成要素である「資本システム」の狂いを修正・是正しなければならない、という点に尽きるのである。

本書では、第1章において一〇年前に何が起きたのか、そして世界はどう対応し、どんな課題が残されたのかについてレビューするところから始める。第2章は中国の抱える債務問題、第3章ではユーロ圏の共通通貨の脆弱性、第4章では米国資本市場の不安定性、第5章では日本金融の根本的課題をそれぞれ主軸として、資本システムの脆弱性を点検する。そして第6章ではグローバルなリスク・マップをもとに、米国政治、通貨制度、ポピュリズムといった問題点と資本システムとの関連性から浮かび上がる潜在的問題を指摘してみよう。

世界経済は元気を取り戻したかに見えるが、その市場経済の基盤には、実は危機の残滓がまだこびりついているのだ。感染症を引き起こす病原体と同じように、その侵入経路や潜伏期間、発症状態、対応措置を熟知した上で、グローバルな視野をもって適切なリスク分析を行う必要があることは、言うまでもあるまい。資本システムが抱え込んだ難病の克服は容易ではないが、本書がその作業への第一歩の手引書になることを、切に祈るばかりである。

世界同時株安　ＮＹダウ急落を受けて値下がりした日経平均株価など世界各地の株安を示すボード（2018 年 2 月 6 日午後、東京・八重洲、共同）

第1章 放置された資本システム・リスク

――「悪夢の連続」の置き土産

1　二〇〇七〜〇八年に何が起きたか

サブプライム・ローンを可能にした好況と「証券化」

世界に資本システムが生まれたのは、一三世紀頃の地中海をめぐる経済圏である。その中心にあったのは、ヴェネチアやジェノヴァなどイタリアの都市国家であり、海上貿易の危険回避や遠隔地貿易の決済など、リスクの伴う金融取引に組織的に対応することで、現代の銀行や保険会社の原型や、為替手形や複式簿記など経済インフラの素地を作った。

その後資本システムは、株式会社や基軸通貨、中央銀行、金本位制、資本市場、割賦販売、信用通貨、格付け制度、レバレッジ、証券化商品、そして保険の応用編としてのデリバティブズ（金融派生商品）など無数の金融機能を生み出し、経済成長に貢献してきたことは明らかである。

だが、複雑化した資本システムの下では、「頻脈」のような不整脈を防ぐ適切な制御の処方が施されていなければ、常に過剰・過大・過熱といったバブル的な状況を作り出してしまう。バブルは弾けてみないとわからない、といったのは米国のグリーンスパン元FRB（連邦準備制度理事会)議長であったが、資本システムに関する嗅覚を鋭く磨けば、バブルかそうでないかをかぎ分けることは十分可能であった。事実、二〇〇五〜〇六年に米国住宅市場のバブルに警鐘を鳴らした人は、少数ではあったが、皆無ではなかった。

序章で述べたように、米国では二〇〇七年にサブプライム・ローン問題が発生し、二〇〇八年にリーマン・ブラザーズが破綻した。そこでは、金融システムだけでなく、資本システムにおける重要な機能にも「誤作動」とも言える現象がいくつも観察された。やや旧聞に属する話ではあるが、一〇年の節目にあたって一度整理しておくことはむだではあるまい。

まずサブプライム・ローンという、低所得の家計に対する住宅ローンがなぜ可能になったのか、という点からレビューしておこう。住宅ローンは、自動車ローンなどと同様に、個人向け割賦販売の延長で生まれたものである。手元資金が足りなくても、その購入物件を担保として、かつ将来の所得見通しを基に、購入資金が借りられるようになったのだ。ただし、貸し手は当然ながら担保価値と借り手の収入状況の双方を厳しくチェックするので、通常は一定規模の頭金や収入の安定性など、返済への確実性が求められる。

もっとも、不動産の好況がしばらく継続すれば、おのずと担保価値の査定が甘くなる。それは一九八〇年代の日本を思い出すまでもないだろう。銀行は土地を持っているだけで融資を行い、借り手はその貸金をもとにさらに不動産を買い漁っていく。そんな状況で「何もしないのは不作為の罪」などと言われた時代でもあった。

米国の不動産価格は、第二次大戦後から一九五〇年代半ばまで上昇した後、約二〇年間は横ばいを続けたが、一九七〇年代、一九八〇年代と不動産ブームが起こり、一九九七年頃から新たな不動産好況時代が始まった。二〇〇〇年以降には、ドットコム・バブル崩壊による景気後退の対策としてFRBが大きく金融緩和に舵を切ったので、巨額の資金が不動産市場に流れ込んできた。ケース・シラー住宅価格指数によれば、一九九七年から二〇〇六年までの不動産価格指数の上昇率は八三%と、ほぼ二倍近い高騰を見せたのである。

こうしたユーフォリア(多幸感)は、資本システムに付きものである。なぜならば、銀行融資という負債性の資金は担保の保守的な価値判断に基づいて提供されるため、その価値が上昇傾向にあるときはブレーキがかかりにくいからだ。焦げついた融資に対する批判の多くは、後知恵なのである。

積極的な融資が不動産需要を作り出し、それが担保価値を高めて新たな融資が提供され、借り手は不動産にさらにおカネを注ぎ込んで不動産価格を押し上げる。その「好循環」が米国の住宅バブルを生んだ現象は、一九八〇年代後半以降の日本の不動産市場とまったくの相似形であった。

住宅価格が上昇し続けるのであれば、多少無理してローンを組んでも、数年後に買った住宅を売って住み替えすればよい、という希望的観測も強まる。米国の金融機関は最初の数年間だけ金利を低く抑える仕組みを開発し、住宅の継続的な値上がりを期待する顧客のニーズに応えるようになった。それが、特に所得の低いサブプライム層に受けたことは言うまでもない。

だがサブプライム・ローン急増の理由は、それだけではなかった。「証券化」という金融商品組成の工程において、信用力の低いローンに対する需要が急激に拡張したことも、バブルを醸成する一因、あるいは主因になったのである。

米国では住宅ローンの貸し手が、その貸付債権を第三者に売却するケースが多い。どこに売るかといえば「証券化」という受け皿である。証券化とは、銀行融資などを「特別目的会社（SPV）」へ移転させ、その原資産を担保として証券を発行する仕組みである。原資産の流動性を高めるために、その「特別目的会社」において種々のローンが埋め込まれ、「リパッケージ」と呼ばれる作業の下でいくつかの商品に切り分けられていく。そんな商品が世界中の投資家に次々に転売されていったのである。

つまり、住宅ローンが貸し手の手元から離れ、変形されて、借り手とはまったく縁がない投資家の懐に入っていく、ということだ。融資した瞬間からその貸付債権が証券化に向けて貸し手から切り離されるとすれば、融資に際しての信用力審査が甘くなるのは当然のことである。担保価値さえ適正に査定されていればよいとして、借り手の雇用状態や給与水準などは厳重にチェックされなくなる。こうして、甘く設定された機械的な審査作業の下で、サブプライム・ローンが増産されていった。

「格付け」が拡大した熱狂の循環

では、なぜこうした証券化商品が、運用のプロである機関投資家にやすやすと受け容れられたのだろうか。そこでは、資本システムの産物である「格付け」が、主要な役割を果たすことになった。

一般的に証券化の工程では、さまざまなローンが組み込まれた後に、信用力に応じたいくつかの証券化商品に切り分けられる。たとえば、利払いや元本支払いが最優先される最も信用力の高い証券には、ＡＡＡ／Ａａａといった最高格付けがなされ、次に優先順位が付された証券にはＡやＢＢＢといった格付けが与えられる。一方で、最も支払い順位が低い証券は格付けもなく、ローン弁済が滞ると、利払い停止や元本毀損といったリスクを負うことになる。リスクとリターンの関連でいえば、最高格付け証券の利回りは低く、無格付け証券の利回りは高い。

だが、サブプライム・ローンを組み込んだ証券化商品の最高格付けの証券利回りは、通常のＡＡＡ／Ａａａの社債利回りなどと比べてかなり高く設計されていた。それを、利に敏い投資家が見逃すはずもない。米国の投資銀行が組成する証券化商品は飛ぶように売れた。その勢いを駆って、金融業者は、自身も投資家となりながらますますサブプライム・ローンの提供に力を入れ、それが住宅価格を一段と押し上げるという、熱狂の循環を作り出していったのである。

通常の格付けは、企業であれば財務、国家であれば財政のそれぞれの現状とその将来像を吟味し、その信用力に応じてA、B、Cといったアルファベットで表示される。企業の場合には、バランスシートを吟味して、今後の売上や利益、業界の競争状態や将来性などの見通しから債務の返済可能性を推定する。国家に関しては、マクロ経済や財政収支動向などを精査した上で、税収や歳出の動向を予想しつつ格付けを与えていく。だが証券化商品の場合は、こうしたアプローチが使えない。

格付け会社は、受け皿に持ち込まれたローン返済のシナリオを、過去のデータを用いながらコンピュータでシミュレーションを際限なく繰り返し、確率的な返済予想を組み立てていく。つまり、肝になるのは過去のローンの返済データである。

自動車ローンやカード・ローン、そして住宅のプライム・ローンなどの場合、証券化に当たって必要な統計的に有意な結論を出せるデータは豊富にあるが、サブプライム・ローンに関しては十分なデータが揃わぬうちにシミュレーションが行われた、という弱点が指摘されている。

つまり、取得可能なサブプライム・ローンのデータは、不動産市場が右肩上がりの時期のものであり、支払い遅延やデフォルト(債務不履行)などを客観的に把握できる状況ではなかった、と推察されている。要するに、データの質と量が不完全なまま、現場の強い要請に突き動かされて証券化作業が進んでいった、ということである。

複雑化し危険化する金融商品

そして、その証券化商品にＣＤＳ（クレジット・デフォルト・スワップ）という新たな派生商品が加わったことで、商品設計の自由度が飛躍的に高まり、複雑でリスクの高い商品が生み出されていく。どんなに仕組みが難しくなっても、投資家の関心を引くにはシミュレーションを通じて付された最高格付けと高い利回りで十分だったのである。

ＣＤＳとは、もともと企業や国家などの信用リスクをヘッジする、つまり企業倒産や財政破綻などに備えて、銀行や投資家などが取得しておく「保険」に相当する商品として開発された。逆に言えば、その保険を売る人は、信用リスクを引き取る代わりに保険料を受け取ることになる。

倒産事由が発生しなければ、その保険料はそのまま利益になるが、リスク・テイクが失敗すれば巨額の損失をこうむることになる。そのＣＤＳが証券化の「リスク・テイク」に利用されるようになり、商品は急速に複雑化し始めたが、格付けを信仰する投資家はその中身を吟味することなく、購入を続けていった。また、ＣＤＳそのものを利用して大量にリスク・ポジションを積み上げる投資家も現れた。その代表例が、後に公的資金で救済されることになった米国大手保険会社ＡＩＧであった。

そんな金融ビジネス拡大の背景には、収益至上主義を掲げる金融機関の姿があった。二一世紀に入って、米国では規制緩和や低金利状況の下で金融業が急拡大し、事業会社も金融部門に注力するなど、米国経済全体が金融に傾斜し始めていった。金融機関はその牽引役として、利益を追求することに血道を上げていたのである。

金融業界においては、商業銀行と投資銀行の争いも熾烈になっていた。ともに「隣の芝生は青い」とばかり、商業銀行は証券引き受けなどに乗り出し、投資銀行はM&A向けの融資を拡大するといった、市場の相互浸食も始まった。両者間の垣根であった「グラス・スティーガル法」は事実上骨抜きにされ、大手金融機関はこぞって証券化商品の組成・販売に乗り出した。

一九八〇年代後半に、銀行の資産急拡大リスクを抑制するために導入されたバーゼル規制は、銀行に高い自己資本比率を維持させて金融システムを安定化させるためのブレーキ機能であったが、大手米銀はその抜け穴を使って簿外で証券化商品を積み上げ始めていく。邦銀は従順にルールに従ったが、米銀は規制をすり抜けて、自身が事実上の投資家となって資産拡大に向かったのである。

米銀が極度の利益追求に走った一因として、「株主からの突き上げ」という面も否定できない。年金基金や保険会社など、多くの株式を保有する機関投資家は、すべての企業に対して高いRoE（株主資本収益率）を経営に求めてきた。公共性の強い銀行も、例外ではない。

金融機関のトップは、二〇〜三〇％といった高いRoEを弾き出すハイテク産業などに劣後するわけにはいかなくなった。そんな環境が銀行経営のモラル低下を促した、とも言えよう。こうした状況では、取締役会のガバナンスもまったく効かない。

金融業界は企業間で熾烈な競争を繰り広げる一方、資金調達や市場取引などでは相互に依存し合うという、やや矛盾した構造を持っている。仮にXという金融機関の経営状態が悪化すれば、他の金融機関はXとの既存取引を解約する、あるいは新規取引を停止する、といった自衛行動に出ることになる。Xが大規模な組織であれば、連鎖反応の影響は小さいものではない。

住宅価格のピークアウトから負の連鎖へ

だが、二〇〇六年に米国の住宅価格はピークを打って、徐々に下落が始まった。二〇〇七年になると、その下落ペースに拍車がかかるようになる。住宅価格の上昇神話に疑問が生じると同時に、サブプライム・ローンや証券化商品の成長を支えてきた前提シナリオが一気に崩れ始めた。組み込まれたローンの返済不能性が高まって、証券化商品の価格下落への不安が高じていく。格付け会社はこれまでAAAとしていた証券の格下げを始める。市場では証券化商品の価格気配が下落し始め、売ろうとしても買い手がまったくみつからない状況になる。そうなれば気配値はさらに下落し、投資家の評価損が雪だるま式に膨れ上がってくる。

かくして、欧州で大量の証券化商品に投資していたBNPパリバの傘下にあった資産運用会社が、顧客の解約依頼を停止すると発表し、市場に激震が走ったのである。金融市場では、投資家の疑心暗鬼を強めたという意味で、世界金融危機の引き金を引いたのはこの事件だと見なされている。

前述したように、金融機関はさまざまな取引を通じて相互に密接に結びついている。経営不安の疑いがある相手の資金調達には応じない。証券化商品の在庫や不動産への投資額などが多い金融機関への締めつけは日々厳しくなっていく。

こうして住宅ローンの証券化を専門に扱っていた全米五位の投資銀行ベア・スターンズの経営が行き詰まり、二〇〇八年九月には、資金調達の道が途絶えた同四位のリーマン・ブラザーズが破綻するという、衝撃の結末を迎えることになったのである。

「強欲」だけが原因ではない

金融の「システミック・リスク」が急上昇した背景には、FRBなどの米国金融当局が、過熱する利益競争や証券化商品の急激な規模拡大や複雑化に対し放任姿勢を採っていたことがあるとして、その責任を問う声も大きい。

当時のグリーンスパンFRB議長は、CDSなど金融における先端技術開発の動向を高く評価するとともに「市場リスクをもっともよく知っているのは民間金融機関だ」との持論から、規制強化には反対の姿勢を貫いていた。

後任のバーナンキ元議長も、二〇〇六年にサブプライム問題が表面化した時期に「さほど深刻な問題ではない」と述べるなど、証券化市場のリスクをかなり過小評価していたことが露呈してしまった。当時、金融業界は高度な情報化社会に向かって邁進していたが、規制当局は金融の現場で何が起きているのか、ほとんど把握できていなかったのである。

サブプライム・ローンからリーマン破綻そして金融危機という一連の流れを引き起こした主役は確かに証券化商品であった。だが、その規模拡大を盲目的に追求した金融経営や格付け会社、そしてその無節操な膨張を容認した規制当局などにも、当然責任がある。

中でも金融機関の経営者らに関しては、「強欲」といった非難が集中し、高額のボーナスなどへの批判ともあいまって、すべての責任がその利益優先の精神にあるような風潮が強まった。だが資本システムの歴史をたどれば、古代の地中海交易を独占したフェニキア人や中世欧州のヴェネチア商人から産業革命時の近代資本家らまで、「強欲」のラベルを貼られた人々は枚挙に暇がない。強欲だけが危機の原因であるならば、資本主義はとうの昔に消滅していたことだろう。

システム誤作動としての金融危機

視座を変えて「資本システムの産物の誤作動」という点で金融危機をとらえれば、むしろ「借金による消費拡大」という行為があたりまえになった社会において、証券化商品に組み込まれた格付けの無防備な応用や、保険概念の無意識的な濫用・過信、資本市場におけるレバレッジ・リスクへの無邪気な無警戒、そして機関投資家のリスク・リターン把握力のプロとは思えぬ幼稚なまでの甘さ、といったさまざまな点が浮き彫りになる。それらこそが、二〇〇七〜〇八年の危機の本質ではないだろうか。これらの点に関し、以下、若干の補足説明をしておこう。

まず証券化商品における格付けの根本的な問題は、格付けを依頼するのが投資銀行であって、投資家ではないことだ。格付け会社もビジネスなので、案件が増えることが望ましい。依頼主である投資銀行は、商品販売の円滑化のため、できるだけ甘い格付けを求めている。となれば、格付け会社は案件獲得のために、厳しい格付けを与えにくくなる。つまり、利益相反という問題である。

企業が発行する社債や国が発行する国債などの格付けにも同じ問題が存在する。だが通常の債券の場合は、バランスシートなど客観的な材料が格付けのベースになっており、市場常識から外れた格付けになる可能性は乏しい。一方で、証券化商品の場合には、シミュレーションのシナリオを柔軟に修正することで、格付けに自由度が生まれやすい。そこに利益相反のリスクが入り込む余地は小さくない。だが、この問題は未解決のままである。

そして保険という便利なヘッジ機能を逆手に取ったリスク・テイクの拡大は、本来の保険概念を無視するものであった。保険のリスクを請け負う主体は、確率的な計算をもとに保険料を算定し、一定の事故を前提としてリスクを吸収する。

だが、サブプライム・ローンに用いられたＣＤＳは、積極的なリスク・テイクの道具として確率計算なしに市場の昂揚感だけに支えられて積み上げられていった。さらにＣＤＳが貸付のリスクを第三者に譲渡する道具としてきわめて便利な取引であったことも、証券化商品の組成と複雑化のペースを加速させてしまった。それは、金融取引の利便性の濫用と言っていいだろう。

ＣＤＳのようなオプションを売る投機にまつわる損失事件は、現代金融において後を絶たない。二〇〇七～〇八年の金融危機の背後にもこの甘い計算があったことは、資本システムにおける技術革新の管理の難しさを象徴している。

また、借金を梃子《てこ》のように利用してリスクを取る「レバレッジ」と呼ばれる取引は、利便性が高いがゆえに、その警戒感が、市場の昂揚感の中で希薄になってしまった。ある程度の借金は経済成長や生活向上のために必要だが、度を越えれば失敗の確率が高まる。その尺度は教科書から教わるものではなく、また規制さえ守っていればよいというものでもない。レバレッジの適正水準は、現場感覚に基づくリスク計算に負っているのが現実である。

住宅ブームが続き、金利は低水準で推移し、投資家は運用基準を緩めるという環境に目が慣れれば、レバレッジへの警戒感が薄れる。それは歴史的に何度も見て来た光景であるが、資本システムに対するブレーキは効きにくいのである。

そして、資金を資本化する機関投資家が、リスク・リターンの計測を人任せにして自身でその適正水準判断を行わなくなったことが、市場の不安定化を加速させていった。格付けはあくまで格付け会社の独自の意見であり、絶対的な価値基準ではない。高格付けで高利回りという根本的な矛盾を、技術開発の成果と勘違いした責任は重いというべきだろう。

やや後講釈ではあるが、こうした誤作動の兆候さえ把握できれば、あの金融危機は決して予想できない例外的な事象ではなかったのである。そのリスクを直感的に把握していたのが、インド準備銀行前総裁のラグラム・ラジャン教授（当時はＩＭＦのチーフ・エコノミスト）やニューヨーク大学のノリエル・ルービニ教授、イェール大学のロバート・シラー教授といった、ごく少数の非主流派エコノミストたちであった。

2　残されたリスクの数々

各国の対応策

二〇〇八年九月にリーマン・ブラザーズが倒産した後、世界的な株価暴落だけでなく資本市場での売買不成立や資金市場での貸借取引停止など、資本システムが凍結状態に近づいたことを、かつてゴールドマン・サックスのＣＥＯ（最高経営責任者）として金融実務を熟知していた、当時のポールソン米財務長官は察知した。

ポールソン長官は、議会に対して金融危機対応の公的資金投入を要請、議会は一度これを拒絶したが、ただならぬ市場の成り行きに震撼した議員らは、最終的には政府の要請に応じて約七〇〇〇億ドルの税金を金融機関などに投入することに合意したのである。

一方で、危機認識の甘さを露呈したＦＲＢは、暴落する証券化商品の購入に出動する方針を打ち出し、さらに政策金利をゼロ水準にまで引き下げるなど、政策を大転換することになる。ＦＲ

Bはその後、三度にわたって、国債やモーゲージ債(住宅ローン担保債)を大量に買い入れる量的緩和策を実行することになった。

また米国では、金融危機の一因となった金融機関の「リスク・テイク」を抑制するために自己勘定での取引を大幅に制限するルールを新設したり、連鎖破綻を防ぐために銀行の必要自己資本比率を大幅に引き上げたり、厳格なストレステストを通じて増配や自社株買いにブレーキをかけたり、万が一経営危機に陥った場合には既存ビジネスをどう管理するのかを規定する「遺言書(Living Will)」を用意させたり、といった規制面での対応も強化した。

米国だけでなく、日本や欧州、中国など主要国でもそれぞれ危機に対応する方策を採った。たとえば日本では「需要蒸発」への対応にエコカー減税など財政政策を出動し、「金融不安」に対しては金融機能強化法の拡充で対応、日銀も利下げの他に国債買い入れ増額、ドル資金供給、企業金融円滑化のためのオペなど、さまざまな対応策を打ち出した。

欧州では、FRBに先駆けてECB(欧州中央銀行)が金融システム安定化のために巨額の資金供給を行ったほか、金融機関の経営不安に対しては各国がそれぞれ公的資金で対応し、財政政策でも自動車買い替え支援や減税、失業給付引き上げ、省エネ化推奨といった施策を採った。

だが、世界的な視点で見ると、中国の大胆な財政出動が最も目を引いた。二〇〇八年一一月に公表されたその政策は、二年間で四兆元(約六〇兆円)という大規模なもので、欧米向け輸出の大幅減による経済縮小を公共投資など内需拡大で埋める、という方針を鮮明にした。世界各国はこれを称賛し、中国が世界経済を救ったといった論調さえも見られるようになる。

その後、日本ではデフレ継続、ユーロ圏ではギリシアなど債務危機、中国では人民元不安といった紆余曲折はあったものの、世界経済は徐々に息を吹き返し、二〇一七年は危機後初の「世界同時好況」という良好な経済発展を遂げることになったのである。

世界同時好況の陰で拡大する格差

震源地であった米国のＧＤＰは危機前の水準を凌駕し、株価は何度も最高値を更新するなど、一〇年前の傷は完全に癒えた、との見方が大勢を制した。欧州経済はようやく長いトンネルを脱し、長らく低迷状態にあった日本株市場では日経平均が二万円台を回復するなど、息を吹き返してきた。中国もハード・ランディングへの懸念を払拭して安定成長の軌道に乗りつつある、と評価されており、中南米、東南アジア、中東欧などの新興国経済も成長軌道に乗って、「世界同時好況」といった言葉さえも抵抗なく受け入れられるようになったのである。

だが一方で、この景気回復・拡大の過程にあって、多くの労働者の実質賃金はほとんど増えておらず、一％の人々に恩恵が集中する一方で九九％の人々は取り残されたまま、という傾向が各国で観察されている。むろん、日本も例外ではない。それは、富の偏在や所得格差の拡大だけでなく、地域格差や世代間格差、男女格差といった複合的・重層的な格差拡大となって、問題を複雑化させている。

そして二〇一八年二月には米国の株価が瞬時に約一〇％急落し、世界の株式市場を震撼させる現象も起きた。それは、安定的な上昇が長期的に継続すると漫然と期待していた投資家の油断が主因であった。

一〇年前に資本システムが誤作動したことに対し、各国が修正作業に注力し、一定の効果を挙げたことは認めるべきだろう。だが、それで十分であったかと言われれば、イエスとは言い難いところがある。景気拡大を実感している人が少ないこと、市場の不安定さが根強く残っていること、そして貿易戦争といった自由主義体制への脅威が強まっていることなど、課題はまだ山積しているのだ。

過去一〇年間におけるシステム修正は、その対象が金融システムに集中したことに特徴があった。危機の主役と見なされた銀行は、厳しく自己資本の強化を要請され、リスク・テイクは大幅に制限されることになった。身体のアナロジーを用いれば「血液の質が低下し、かつ血液を全身に円滑に流す血管機能が劣化した」という認識が世界的にも主流となった、と言えよう。

だが血液や血管に機能不全が起きたのは、脳が発する「飽くなき食欲」だけでなく「不健全な嗜好への傾斜」や「栄養バランスの崩れ」、そして「怠惰な生活習慣」といった問題が生じたからでもある。それがストレスとなって、心臓の規則的な鼓動を誘発する電流にトラブルが発生した、と言えるだろう。

そして、血流に相当する金融システムの健全化に過度にエネルギーが費消された結果、心臓の

資本システムのリスク・マトリクス

	債務規模	トランプ政権	通貨構造	市場の慢心	地政学
深刻	中国民間企業 日本公的債務	米国第一主義 通商政策	ユーロ持続性 新興国通貨不安	米国株 米銀融資	中東情勢
懸念	米国民間企業	中東外交 中国敵視	人民元安定性	新興国市場	中国 ロシア
要注意	新興国官民債務	金融規制緩和	ドル基軸性	先進国不動産	東アジア

収縮活動に相当する資本システムにかかった負荷はそのまま放置されただけでなく、新たな負荷も加わるようになったのである。

リスクのマトリクス

では現在の資本システムに、具体的にどのような負荷がかかっているのだろうか。筆者なりの診断を、上記のリスク・マトリクスにしたがって概説しておくことにしよう。

まず挙げるべきは、世界的な債務規模の膨張であろう。既に述べたように、銀行の公的支援や景気刺激のための財政出動で公的な債務が増え、景気回復にしたがって設備投資を再開する民間企業が、低金利を利用して債務を増やした。そうした資金需要に応えるための貸出増に伴って銀行の債務が増え、雇用の安定に伴って住宅ローンなど家計の債務も増えた。

ＩＩＦ(国際金融協会)の統計によれば、世界の債務額は二〇〇七年のＧＤＰ比二六九％から二〇一八年三月には三二〇％まで増えたという。これは、借金が実体経済の三倍以上になったということであり、金額で示せば過去一〇年間で一四二兆ドルから二四七兆ドルにまで増えた、ということになる。過去一年間では二五兆ドル増えている。

増加率の大きいのが政府の債務で、二〇〇七年の三三兆ドルから六三兆ドルと、ほぼ倍増しており、さらに非金融民間企業の債務が三二兆ドルから六八兆ドルへと二倍以上に増加しているのが目立つ。GDP比で見れば、政府債務は五八％から八七％へ、非金融企業債務は七七％から九二％へと伸びている。

一方で、金融機関の債務は四三％から五八％へと控えめな増加に止まっており、金融システム健全化が効いて、銀行のレバレッジが抑制されていることがわかる。家計の債務も三四兆ドルから四四兆ドルと、三〇％の緩やかな増加となっている。

これらのことから、過去一〇年間の金融システム修復の過程で起きた債務増加のほとんどは、金融機関や家計ではなく、政府と事業法人による「借金増」で説明できるだろう。その構造変化は、警戒の目を金融システムから資本システムに移すべきことを暗示している。

危険な債務増

借金といえばマイナスのイメージが強いが、経済成長には不可欠な行為である。効率的な利用方法を知らない貯蓄が、借金を通じて工場設立や人員増強などの投資に活用され、資金が資本化されることによって、生産が拡大し給与が増え生活水準が向上するからだ。資本システムの真骨頂は借金の使い方である、といっても過言ではない。

だが、良い借金がある一方で、悪い借金もある。将来の果実を生む構想に欠け、返済のめどが立たない借金がそれである。経営破綻を先延ばしするために「ゾンビ企業」が銀行などから借り続ける借金や、誰も住まないような街に大規模なマンションを建設する開発業者が行う借金などがそれに当たる。政府が再建見込みのない銀行を救済するために発行する国債や、既存国債を返済するために発行する新規国債なども、悪い借金に区分していいだろう。

問題は、過去一〇年間にそうした借金、すなわち債務が少なからず増えたという事実、そしてその増加傾向になかなか歯止めがかからないという現実である。借金の反対側には常に債権者が存在する。返済不能の可能性が高い債務が増え続けているということは、元本が毀損するリスクに直面している投資家がそれだけ増え続けている、ということなのである。特に、金融政策正常化の下で予想される金利上昇にこの膨張した債務が耐えられるかどうか、という点は実に深刻である。

危険な債務増は、デフォルト発生増と裏腹の関係にあるだけではない。せっかく資本システム内に醸成された貯蓄が有効な投資に回らない、ゾンビ企業が外部支援で存続することにより競争力のある企業の期待利益が失われる、将来の増税に対する懸念が強まる、といった不安材料を社会にまき散らすことにもなる。

先に掲げたマトリクスでは、中国民間企業と日本の公的債務を「深刻」として、米国の民間企業債務を「懸念」として分類した。いずれも、次章以降の各国論の中で具体的に述べることにしよう。

債務規模には必ず適正範囲がある。それは国の経済力や企業の財務力によって規定されるが、同様にグローバルな規模にも同じことが言える。金融システム修復過程で積み増しされた債務額は今でもなお増え続けており、資本システムに相当な負荷をかけ始めていることは明らかであり、利上げや景気後退に対する免疫力が大幅に後退していることは認めざるを得ない。それは資本システムにとってのダモクレスの剣なのである。

トランプ・リスクに揺れる世界

そして、金融危機後の景気回復にもかかわらず、低成長が継続し格差拡大が一段と進んできたことなどを背景に米国で保護主義を標榜するトランプ大統領という異形のリーダーが登場し世界貿易の自由体制が脅かされていることも、資本システムへの新たなチャレンジである。

ＴＰＰからの脱退やＮＡＦＴＡの再交渉、世界各国に対する厳しい課税方針そして中国に対するあからさまな敵対姿勢など、なりふり構わぬ「アメリカ・ファースト」「メイク・アメリカ・グレート・アゲイン」の様相は、戦後の世界経済があまり見たことのない光景を映し出している。

特に二〇一八年三月にトランプ政権が打ち出した鉄鋼・アルミ関税導入は、日本やＥＵ、カナダなどの友好国に対する経済制裁でもあり、世界中を驚かせた。そして中国に対しては貿易面だけでなく投資面でも規制を加える方針を鮮明にし、ハイテク産業や安全保障の面で米国の比較優位を保つためには手段を択ばない強硬姿勢を見せつけている。

こうした外交・通商方針が企業経営者や機関投資家、そして一般家計の「心理」を悪化させることは不可避であり、実際に経済指標によって悪影響が確認される前に、資本システムに障害が発生することは十分予想される。

戦後、米国のマーシャル・プランは欧州にドルと実需を与え、世界経済がドル体制と自由貿易体制の両輪で拡大する契機を作った。軍事的にも、欧州そして日本を含むアジアなどにおける安全保障体制を敷いた。現代のグローバルな資本システムは、良くも悪くもその米国が築き上げた世界秩序の上に成り立っている。その秩序を創始者である米国自身が破壊しようとしていることは、実体経済のみならず、一定のルールに拠って立つ資本システムにとってもきわめて重大な問題なのである。

トランプ・リスクは通商問題に限定されるものではない。資本システムには地政学リスクという脅威もある。米国のイラン核合意からの離脱は、中東に潜むイラン・サウジの対立問題に火を付ける可能性を孕んでおり、北朝鮮との対話も中国ペースに引き込まれて東アジアの秩序が大きく変質するリスクを胚胎している。

貿易だけでなくハイテク・安全保障の面で中国を敵視するその強硬姿勢は、来るべき「G2時代」の不安定化を増幅するものであり、同時に資本システムを揺るがす時限爆弾にもなりかねない。

また中東は、従来からの火種であるイスラエル・パレスチナ問題に加え、サウジとイランの対立構造をトランプ外交が悪化させる、という絶望的な状態にある。さらに、長期化するシリア紛争ではロシアの勢力拡大やトルコの欧米離れなど、不透明材料が増えている。

さらに、世界各国に権威主義型の指導者やポピュリズム主導の政権が増え始めていることも、資本システムにとってのリスク要因とみなしてもいいかもしれない。ロシアのプーチン大統領、中国の習国家主席、米国のトランプ大統領、トルコのエルドアン大統領といった顔ぶれに、反エリート主義を鮮明にするイタリア新政権やメキシコ新大統領などの登場が重なり、従来の市場経済のメリットや資本市場機能の重要性が否定されやすくなっている。この地政学の問題については、将来の課題として最終章においてもう一度採り上げよう。

国際通貨体制の不安

資本システムを脅かす第三の要因は、国際通貨体制の安定性である。いま国際的通貨と言えば誰もがドルを挙げるだろうが、世界の資本市場を構成している通貨には、ドル以外にもユーロや円、ポンド、スイスフラン、豪ドル、カナダドル、人民元といったさまざまな主要国通貨が存在する。そして、その各通貨間の為替レートの安定性も、資本システムが正常稼働するための重要な要件となっている。

戦後の通貨体制は、通貨としてのポンドからドルへの実質的な主役交代、そのドルを主軸とするブレトンウッズ体制から金を廃貨とした信用通貨及び変動相場制度への移行、欧州諸国に拠る共通通貨ユーロの導入といった大きな事件を伴いながら、世界経済の拡大に寄与してきた。

二一世紀に入ってからの国際通貨体制において、意外に重要な役割を担っているのが実はユーロである。貿易決済においてドルが五〇％以上のシェアを持ち、各国の外貨準備の六〇％をドルが占めているのは事実だが、その補完的な役割を果たしているのがユーロであり、米国と距離を置く国々が頼りにするのがユーロである。ちなみにロシアの外貨準備の大半はユーロであると言われている。

ユーロが世界の資本システムにとって非常に重い存在感を放っていることは、あまり知られていないかもしれない。日本企業にとってもドルが圧倒的に重要な意味を持っていることから、ユーロはやや縁遠い印象があるからだ。

だがＢＩＳ(国際決済銀行)の四半期報告に拠れば、二〇一七年一二月時点での国境を越えるクロス・ボーダーの銀行融資残高はドル建てが七・五兆ドル、ユーロ建てが四・七兆ドルと双璧であり、両通貨で全体の約八〇％を占めている。また世界市場における債券発行残高のうちドル建ては四七・二兆ドルでユーロ建ては二〇・一兆ドル、スワップ取引の名目元本残高はドル建てが一〇一兆ドルでユーロ建ては八八兆ドルとなっている。

資本システムはその誕生以来、常に複数の役者を必要としてきた。「金、銀、銅」の時代から、「ポンドと金」、「ポンドとドルと金」、「ドルと金」、「ドルとマルク」といった時代を経て、いま

「ドルとユーロ」の時代に我々は位置しているのである。それは他のシステムと同様に、インフラの代替性を常備しておくことの必要性を示している。

だが現在の資本システムが直面しているのが、ユーロの脆弱性である。ユーロは一九九九年に登場して以来、ドイツマルクに代わる第二の世界通貨として市場を支えてきた。ユーロ圏は必ずしもその共通通貨を準備通貨に育てようとはしてこなかったが、資本システムがその必要性を主張したのである。そんな第二の通貨が、その不完全性がゆえに揺らいでいる。

ユーロ圏がギリシア問題で債務危機に瀕し、二〇一二年にECBがギリシア国債などを買い入れてユーロの危機を救ったことは記憶に新しい。だがそれは一時的な措置に過ぎず、ユーロの脆弱性と不完全性は残ったままになっている。ギリシアの危機をクリアしても、イタリアなど他の国々からマグマが噴出するのは時間の問題である。ユーロから主要国が脱退するようなことがあれば、共通通貨の精神は破綻しかねない。

そしてドルもトランプ政権の傲慢な通商政策を背景に、長期的に信用を崩しかねない状況にあり、世界第二の経済大国である中国の人民元もまだ国際通貨制度上ではマイナーな存在に過ぎない。円やポンド、スイスフランなどの役割は減退中である。

かくして、当面ドルは健在とはいえ、その将来像に不安が増幅し始めている中で、補完通貨であるべきユーロが不完全性を抱えたまま漂流するようなことになれば、それは資本システムの基盤を揺るがすことになるかもしれない。

適温経済の中の慢心

そして資本システムへの第四番目の懸念材料は、株式市場などに蔓延する投資家の慢心である。具体的な症状は二〇一八年二月の米国市場での急落となって現われたが、そのきっかけとなったのは米国長期金利の上昇であった。

同月に米国市場では債券利回りの上昇ペースが加速し、平均時給の予想以上の伸びが示されたことで、長期金利は年初の二・四％から三・〇％近辺まで急上昇することとなった。金利上昇を嫌がる株式市場では、主要な指数が強烈な下げを演じ、二月五日には日中に約一六〇〇ドルの急落を記録、同八日にも一日の下げ幅として過去最大規模の一〇〇〇ドルを超える大幅安となった。それは海外市場にも波及し、日経平均も急落する世界同時株安の展開となったのである。

株価急落の引き金を引いたのが「アルゴリズム取引」と呼ばれるプログラム売買であり、人間的な感覚を超えた取引を誘導したことから、不安感が増幅されたことは否めない。その機械的取引が発動されたのは「ボラティリティ（株価変動率）」の指数を対象としたＶＩＸ（恐怖指数）と呼ばれる市場であった。

二〇一七年を通じて世界に醸成されていた「ゴルディロックス（適温）経済」、あるいは「世界同時好況」といった楽観ムードの中、株価変動率が歴史的な低水準のまま株価がじりじりと上昇し続ける状況が続いていたことから、投資家は「ボラティリティ売り」のファンドを購入して、株価の急変動が起きないというシナリオに賭けていたのである。それが一転して巨額の損失となり、手仕舞い取引を誘発して株価急落を引き起こしたのであった。

春以降の市場は落ち着きを取り戻すことになったが、金利上昇期の債務懸念、トランプ大統領がばら撒く保護主義、そして通貨体制不安などに囲まれた現在は、二〇一七年と大きく異なっていることには留意する必要があろう。アルゼンチンやトルコの通貨急落に見られる市場不安を、新たな危機の予兆と見なす向きもある。

現代の投資家心理に慢心を植えつけたのは、実は中央銀行である。詳細は第4章にて後述するが、一九八〇年代のグリーンスパンFRB議長を皮切りに、歴代の日米欧の中央銀行のトップは株式市場が不安定化するたびに金融緩和策を採り、株価を支えてきた。これにより株式市場には「何かあれば中央銀行が助けてくれる」という奇妙な相場観が定着してしまったのだ。非常時の金融緩和は不可欠な政策だが、それが常態化・恒常化すれば弊害にもなる。

そんな投資家の慢心が見られるのは株式市場だけではない。米国では低格付け企業向けのローン(レバレッジド・ローン)は借り手市場の様相を強めており、商業用不動産担保証券にはリスクの高い不動産担保ローンが組み込まれるなど、過熱感が生じるようになった。ファンドの中には負債比率を高めてハイリターンを狙う投機的な動きが見えており、M&Aの世界では企業価値の評価がやや膨張気味となっている。

確かに米国の大手ハイテク企業などは、寡占状態、卓越した技術力、新興企業の囲い込み、既存業界の切り崩し、世界各国での存在感などを背景に、貿易戦争の影響も軽微で好業績は継続する、との期待値が高い。規制緩和や米国内からの中国勢力排除といった材料もプラスにとらえられている。だが、資本システムが「昂揚感」に包まれているときは、好材料しか目に入らないものである。

投資家の慢心は、時に冷静な分析を無視してしまうことがある。日本市場でも、二〇一七年には日経平均三万円説が飛びかっていたことを記憶している読者も少なくないだろう。その甘い相場観は、内外金融政策の動向や米国保護主義の行方、あるいは景気サイクルの存在といった要因を軽視したことから来た慢心であった。

市場に根づく無防備な過熱感は、ようやく安定し始めた資本システムの規則正しい鼓動を狂わせる可能性を胚胎している。前掲の資本システムのリスク・マトリクスは、あくまで筆者の個人的な評価であり、ほかにもとり上げるべき政治リスクや市場リスクがあろうが、本書ではこの基本路線をもとにして、次章以降で中国、欧州、米国、そして日本のそれぞれの問題点に切り込んでいくことにしたい。

中国全人代の閉幕式を終え、握手しながら引き揚げる習近平国家主席（中央）と李克強首相（2018 年 3 月 20 日、北京の人民大会堂、共同）

第2章 中国は世界経済の勝者になれるか
——膨張する債務

1　巨額財政支出の功罪

財政支出の陰と陽

政府が行う財政支出政策には、常に陰と陽の二つの顔がある。たとえば景気を刺激するための減税策は、低迷する消費意欲を刺激することで需要を先取りするものであり、人気取り政策だと批判されることが少なくない。日本のみならず、海外諸国でも、選挙前に政権与党が財源確保のめどもないままに「ばらまき戦術」を駆使することは日常茶飯事である。

だが一方で、景気後退の際に急縮小した民間需要を支えるために導入される財政支出は、心理的に冷え込んだ経済に活力を与えることで、あたかも電気ショックで心臓を蘇生させるような威力を持つことも事実である。財政支出には民間投資と同様の乗数効果があると見なすエコノミストは、その側面から過去の財政政策の正当性を主張してきた。

世界が大恐慌の再来に怯えた二〇〇八年秋、中国が公表した約四兆元(約六〇兆円)に上る巨額の財政出動は、まさに後者の典型として捉えることができる。未曽有の危機の下、先進国が金融政策にしか頼れない状況にあったとき、中国が大胆な財政政策を打ち出したことに対し、各国は「英断だ」と拍手喝采したのである。確かにその景気対策は、実態的にも心理的にもポジティブな材料となった。株式市場など資本市場がこれを大歓迎したことは、言うまでもない。

この財政政策の対象には、住宅市場、インフラ整備、衛生事業、文化事業、ハイテク産業育成といった幅広い分野が指定され、新規事業には中央政府による支出と地方政府による支出がほぼ半分ずつというプランが示されていた。のちに深刻な問題を引き起こしたのが、歳入面を軽視した地方政府による歳出計画であった。

その四兆元には既存投資案件や中長期的案件が含まれており、既に当時「新規の投資規模は約半分のみ」とも指摘されて、実体経済に対する効果を過大評価すべきでない、との警鐘を鳴らす向きもあった。また、財政赤字拡大へのリスクを懸念する声や、景気押し上げ効果を生む事業は限定的だといったさめた分析もあった。

だが当時の世界は、政策の詳細部分を深く分析する余裕もなかったのである。今となっては、ＧＤＰ比約一三％に相当する「四兆元投資」という数字に目がくらんだという印象が強いが、それも後講釈の類かもしれない。

現実には、その景気対策によって、中国経済は二桁成長ペースこそ途切れたものの、急速な景気鈍化は回避され、その危機対応は世界中の資本市場において素直に評価されることとなる。そして、ＦＲＢをはじめとする金融当局の積極的な緩和方針との相乗効果によって、米国でも株式市場は二〇〇九年三月に底入れし、実体経済も同年六月には景気拡大期に入っていく。結果的に、中国の財政政策の陰の部分は覆い隠され、陽の局面が大きくクローズアップされることになったのである。

成長達成の裏で膨張する債務

ただし、財政政策の経済成長への貢献度を考える際に、乗数効果を用いてGDPの伸びだけに注目するのは危険な発想である。たとえば、一〇〇億円の投資によって一億円の追加的経済価値が生まれたとGDP計算が語っても、売れるものが生産されて消費されるケースと、売れないものが生産されて在庫に積み上げられるケースとでは、まったく意味合いが違う。だが、生産の指標であるGDPだけ見ても区別はつかない。

市場経済をベースとする日米欧などの先進国経済においては、わざわざ売れない商品を作る民間企業などない。仮に売れると思った製品が意に反して売れなければ、それは不良在庫として償却され、その生産に投資された資本は回収されることなく毀損する。

だが中国のような国家主導経済においては、政府が国有企業に対する事実上の経営権を持ち、投資は市場の需要ではなく「お上の発想」で行われるため、売れない製品が積み上がることが少なくない。たとえば、あちこちに造成された誰も入居しない高級住宅がゴーストタウン化している様子を、ネットなどでご覧になった人も少なくないだろう。費消された資本は毀損されないように隠蔽され、保存される。

このように、たとえGDPは拡大していても、本当の経済成長や生活向上にはまったく貢献していないことはよくある話なのである。そこに財政政策の落とし穴がある。景気対策と称して無頓着に公共投資を積み上げてきた日本においても「ハコモノ行政」と言われるようなリターンを生みそうもない投資に莫大な税収を投入し、一時的に成長率を押し上げたが中長期的には何の生活水準向上にも役立たなかった、という投資は枚挙に暇がない。

それは、資本化されるべき資金が無残にも償却されて雲散霧消してしまった、ということに等しい。もしリターンを生まない財政支出が赤字国債で賄われるということになれば、将来資本になり得る貴重な資金を前倒しでムダ遣いしてしまった、と見なすこともできる。

資金は、個人の貯蓄であっても国庫に納入された税金であっても、合理的なメカニズムを通じて資本化されることで経済成長に貢献しうる。それが、本書でいう資本システムの理想形である。多くのゴーストタウン化した建設プロジェクトを見るにつけ、中国の四兆元投資計画は果たして資本システムを通じた経済成長に貢献しえたのだろうか、との疑念は強まるばかりである。

GDPが伸びていればそれでいいという考えの危険性が、ここに凝縮されている。つまり、二〇〇八〜〇九年当時の世界は、経済の底割れという最悪シナリオへの恐怖感に襲われて、資金を資本化する際の健全性という意義を忘れてしまったのだ。

金融危機の後、各国政府や中央銀行は、ひたすら雇用機会の拡大や金融システムの正常化、そしてインフレ率の引き上げといった目標に邁進することになる。リーマン・ブラザーズの破綻から一〇年が経過し、その目標はかなりの部分で達成されたように思われる。

だが中国の場合は、債務の急膨張による成長達成感に包まれた安堵の下で、特に資本システムの脆弱化が相当なスピードで進行しているように見える。その典型的なパターンを、まず地方財政に焦点を当てて見ておこう。

特別目的会社に積み上がった巨額債務

中国の地方自治体は、銀行借り入れや地方債発行などによる資金調達が禁止されており、その歳出は税収や中央政府からの配分、そして土地の売却収入によって賄うことが基本とされていた。経済成長と歩調を合わせるように不動産価格が上昇したことから、地方財政は土地譲渡による収入に大きく依存するようになった。

そこに二〇〇八年の巨額財政支出方針が発動され、地方政府もその一翼を担うことになったが、歳入構造に大きな変化はなく、成長鈍化で不動産譲渡収入も限定的となったために、新たな資金調達法を編み出す必要に迫られることになる。そこで考案されたのが、融資平台(LGFV：Local Government Financing Vehicle)と呼ばれる受け皿を用いた資金調達法であった。

これは、債券発行を禁じられていた地方政府が主に不動産開発資金を調達するために設立した特別目的会社であり、二〇一五年に「隠れ債務」の急増を懸念した中央政府が発行を禁止するまで、その発行総額は約一〇兆元（約一六〇兆円）、すなわちＧＤＰ比二〇％に相当する規模に増加した、と見られている。

融資平台には地方自治体の保証が明示的に付されているわけではないが、投資家は事実上これを地方債と同等の投資商品と見なして購入してきた。その構図は、米国市場においてファニーメイやフレディ・マックなどが発行するモーゲージ（住宅ローン）を担保とする証券化商品が、事実上の政府保証付きと見なされていたのと同じであった。この危険な構造が米国の金融危機を招く一因となったことは周知の通りであり、中央政府が遅まきながらも警戒したのは当然である。

だが、この融資平台に積み上がった巨額の債務を解消するのは容易ではない。主要都市においては地方債の発行が解禁となり、ＬＧＦＶの借換は正式な債券市場で行われるようになったが、依然としてこの債務様式は中国の市場に染み付いている。

日米欧などの先進国の資本市場においては、地方自治体は格付けを取得した上で、投資家が求める条件に合わせて債券を発行するのが慣例だが、中国の地方自治体の格付け取得はきわめて稀である。格付け会社のＳ＆Ｐは、ＬＧＦＶの事実上の発行体を格付けするならば、大半が投機的格付け（いわゆるジャンク債）になる、との判断を示している。

格付けが明示されれば、地方自治体の調達コストは大幅に上昇することになり、従来のようにこっそりと低利で借金することがむずかしくなる。それは、中国の資本システムが有機的に機能していないことの一つのあらわれと言ってもいいだろう。

こうした不安定要素を抱えながらも、中国経済は世界に広がる悲観論を踏みつぶしながら成長路線を維持しており、政府は二〇一八年以降の成長目標の明示こそ回避したが、今後も六％前後の成長ペースを達成すると期待されている。習近平主席は二〇一七年秋の党大会において権力集中に成功し、長期政権の下で経済運営の実権を政府から党に移し替え、自ら経済改革にナタを振るおうとしている。具体的には、信用の膨張を抑制する「デレバレッジ」と呼ばれる基本方針だ。

現在、中国はその指示に従って、鉄道建設などいくつかの地方都市プロジェクトを中止させるなど、「デレバレッジ」の方向性を旗幟鮮明にしている。だが、中国が抱え込んだ融資平台をめぐる債務問題を円滑に解決しうるかどうかは、また別問題であろう。信用縮小は景気の失速を招きかねないからだ。

中国の公的債務と民間債務との合計はGDP比二五〇％にまで、家計債務を含めれば同三〇〇％にまで達しており、この水準に危機感を募らせる投資家も少なくない。また、中央集権の下で強化された独裁的権力の影響力が、どこまで地方債務をコントロールできるかも不透明と見られている。

もっとも、こうした地方財政赤字の拡大傾向がそのまま金融危機につながると見るのもまた早計である。たとえば世界最大の財政赤字国である日本では、公的債務拡大がデフォルト（債務不履行）に直結するとの自虐的な懸念が強いが、GDP比でみる債務比率とデフォルトには明示的な関係がない。ロシアは、一九九八年にGDP比六〇％程度の債務残高で事実上デフォルトしたが、約二五〇％にまで接近してきた日本にはまだそうした気配は見られない。

重要なのは債務残高ではなく、債務に対する資本システムの抵抗力、あるいは免疫力といった耐性である。この点についてはのちほど再度検討するが、現状の中国の債務問題を考える上でのポイントも、資本システムの耐久力がどの程度のものかを観察する必要がある。

そこで次は、その重要な役割を担う銀行の健全性について見ていくことにしよう。

2　膨れ上がる不良債権

隠蔽された不良債権

序章で述べたように、資本システムとは、株や債券などの資本市場だけでなく銀行融資をも含めた幅広い体系を指す。中国の場合、日本と同じように資産規模の大きな銀行が信用総額において高いシェアを誇っているが、日本との大きな違いは大手銀行の主要株主が中国政府であることだ。

中国には、企業に運転資金などを貸し付ける中国工商銀行、外国為替が専門の中国銀行、建設など固定投資への融資を行う中国建設銀行、農村部での融資が専門の中国農業銀行という四大銀行があり、その合計融資額は同国銀行全体の約八割を占めている。

中国がグローバル経済への対応策として経済の民営化を進める過程で、この四大銀行の株式も香港市場や上海市場への上場を通じて公開されていった。だが、主要株主は中国政府のままであり、現在でも「国有銀行」のラベルは剝がされていない。先進国の主要銀行と違い、経営は顧客や一般株主などではなく、政府を向いて行われているのが現状だ。

中国の大手銀行には、一九九九年に一九九〇年代の邦銀と同じように不良債権の積み上がりで苦しんだ時があった。一九八〇年代に市場経済の導入を目指す政府の指令の下で融資は採算度外視で拡大され、一九九〇年代には景気過熱感を伴いながら、貸出残高はいちだんと膨張していったが、そうした融資はアジア危機を契機とする景気後退で不良債権の山となった。

そこで中国政府が採った対策は、市場機能を利用した時価ベースでの処理を行った一九八〇年代の米銀や一九九〇年代の邦銀と違い、銀行経営に傷がつかぬように簿価で資産処理会社に不良債権を譲渡するという、いわば隠蔽方式であった。四大銀行ごとに「資産管理公司（ＡＭＣ）」という回収会社を設立し、簿価で引き取った不良債権を企業清算、デット・エクイティ・スワップ、ディストレス投資家への転売などを通じて回収した。そこで発生した巨額の損失は、銀行ではなく国家財政が吸収したと見られている。

一九九〇年代の邦銀における厳しい不良債権処理を間近に見て来た筆者の眼には、この中国の不良債権処理方法が銀行業界にモラルハザードを植えつけたように映る。それが現在、同じ問題を再燃させている。

相当の体力を消耗した日本の不良債権処理方法は、その後の長いデフレの一因になった、との否定的な見方もある。その意味では、銀行経営力が温存されて目覚ましい経済発展を遂げた中国の手法の方が賢明だと見る人もいるかもしれない。

だがそれは、資本システムの弱体化リスクを無視した意見であろう。中国の「金融システム」は健全性が保たれたかもしれないが、健全な経済発展に必要な「資本システム」は、機能が未熟なままに成人期を迎えることになったのである。

信憑性を欠く経済統計

中国における一九九九年の不良債権問題は不問に付された格好となり、その後の急速な経済成長と歩調を合わせて再び融資を拡大した四大銀行の総資産は急膨張することになる。特に前述した財政政策の風に乗って銀行も国有企業を中心に貸出攻勢を強め、二〇一〇年から二〇一五年にかけて融資残高が約七〇％も拡大することとなった。

その結果、四大銀行における総資産は世界最大規模となり、二〇一五年末時点では中国工商銀行が世界のトップ、中国建設銀行が二位で中国農業銀行が三位、中国銀行が五位と、ワールド・ランキング上位を総なめにすることとなる。ちなみに邦銀で最大規模の資産を擁するのはゆうちょ銀行だが、その総資産は中国工商銀行の約半分に過ぎない。

だが巨大な資産規模を擁する中国の銀行の業績がすべて好調であるとは限らない。それは一九九〇年代、邦銀が世界銀行資産ランキングで上位を独占していた時代に、経営の健全性がひたひたと蝕まれていたことを彷彿させる。急膨張した銀行資産には不良資産が多数含まれている可能性が高いのだ。

中国当局が公表している不良債権比率は、上昇中であるとはいえまだ一％台と低水準にある。二〇％近いイタリアや一〇％近辺のインド、三％台のブラジルなど海外諸国と比べても良好である。一％台の不良債権比率は、日本や米国、ドイツなど金融システムの健全化が進捗している国々とほぼ同じ水準だ。

だが、中国の公表値を信じる海外投資家はほぼ皆無と言っていい。国際資本市場にはそもそも中国の経済統計は信用できないとのコンセンサスが定着しており、GDPや失業率などの数値が著しく信憑性を欠いているのは、いまや公然の秘密である。銀行の不良債権比率も同じことだ。

一九九〇年代の日本も似たような状況にあった。公的な発表では邦銀全体の不良債権額はGDP比約二％程度、金額にして約一〇兆円程度とされていたが、結果的にはGDP比二〇％にも相当する約一〇〇兆円に上ることが判明した。その処理に長い時間と労力を費消したことは、まだ記憶に新しい。その正確な金額が明るみに出たのは、市場圧力という資本システムのパワーであった。上場企業としての経営の透明性が要求され、政府も公的資金投入を前提とした不良債権処理の加速を要請せざるを得なくなったのである。

だが中国の場合、前述した四大銀行は上場しているとはいっても政府が大株主のままであり、市場圧力がかかりにくい。中国政府は、銀行システム不安を通じて経済成長ペースが崩れ、社会不安が発生して共産党の一党独裁体制が揺らぐことを極端に恐れているのである。したがって不良債権は隠蔽されがちになり、その恐怖感が一％台の公表数値となって表れている。

習近平の権力掌握とデフォルトのペースダウン

これに対し、二〇一三年に首相に就任した改革派の李克強氏は、不良債権問題の深刻化を食い止めるべく、企業のデフォルトを容認する方針を示そうとしていた。市場経済型モデルを追求する李首相の経済哲学は「リコノミクス」とも呼ばれ、市場はこのアプローチを評価した。

実際に、二〇一三年までデフォルトが発生していなかった社債市場において、二〇一四年の四社を皮切りに、二〇一五年は一九社、二〇一六年は三七社と債務不履行の容認が増え始め、中国の資本市場は徐々に欧米型に近づくのではないか、といった期待感が生まれた。その軌道修正が国有企業に対する銀行融資にも波及する可能性も浮上することとなった。

だが二〇一七年以降、そのデフォルト容認姿勢には顕著な変化が生じ、社債市場でのデフォルトはペースダウン、四大銀行も国有企業に対して債務履行継続のための信用拡大方針に転じていった。

それは政治力学の変化によるものであった。二〇一七年の共産党大会を経て、経済運営の実権は政府から党に、すなわち習主席の手に移ったのである。二〇一八年の全人代で李首相は再任されたが、経済運営の実権も習主席の経済ブレーンである劉鶴副首相が握ることになり、李首相の存在感の急低下に伴って、誰も「リコノミクス」に言及しなくなった。

景気拡大ペースが鈍化する中、デフォルトが多発して成長への懸念が強まれば、信用収縮や需要の後退を招き、景気悪化とともに雇用減という最悪の事態も起こりうる。これを懸念した習主席が、当時進行中であった人民元の国際化とともに企業のデフォルト容認の方向性に対しても、ブレーキをかけることになったと思われる。

習主席は、債務増ペースを止めるために「レバレッジ解消」を謳ってはいるが、その損失処理方法については何も明示されていない。経済の中枢を占める国有企業をつぶすことも許されない。過剰債務に対する警告は、同時に過剰債権に対する警告でもあるが、後者に対する政治的なメッセージは乏しいままである。資本システムの将来像にとって、企業の債務整理はもちろん重要だが、銀行の不良債権処理を適切に行うこともまた必須の作業なのである。

銀行の消耗による社債市場の発展

現時点の中国における銀行不良債権の実態を正確に読み取ることは難しく、海外のシンクタンクは独自の手法でその金額を推定しようとしているが、その総資産に対する比率のレンジは一〇％から二〇％までかなり幅がある。だが最悪シナリオをとれば融資総額の二〇％が焦げついているということになり、同国の銀行機能が一九九〇年代の日本と同様、あるいはそれ以上に傷んでいる可能性を示唆している。

ちなみにＩＭＦ（国際通貨基金）は問題含みの債権比率は一五・五％（約一・三兆ドル）と推定しており、その予想損失額をＧＤＰ比七％の約七五〇〇億ドルと試算している。銀行がそうした損失に耐えられるはずもなく、いずれ相当額の公的資金を注入せざるを得ないだろう。

ただしこれを逆にみれば、国家財政の余裕がある限りは銀行の生命維持装置としての公的支援を発動することは可能だ、ということでもある。中国の中央政府の公的債務比率は上昇中とはいえまだＧＤＰ比五〇％程度であり、一九九〇年代の日本と同様に、隠蔽しきれなくなった場合でもいざとなれば政府には銀行を救う体力はある、と見なされている。

もっとも、間接金融中心の経済において銀行経営の体力が消耗することは、民間経済の成長を支えられなくなるリスクが上昇する、ということでもある。国有銀行は、政府の要請に従って、実質破綻しているような非効率な国有企業にも融資継続や追い貸しなどを行わざるを得ず、新たな融資機会に対応する余裕が細っている。実際に、二〇一五年以降の中国における銀行総資産の伸びのペースは鈍化傾向にある。

成長率が二桁から六％台へと鈍化してきた現状において、銀行の融資意欲が低下しているのは当然だろう。だが、国有銀行の融資先は製造業や不動産・建設業、鉱業など国有企業に大きく傾斜していることから、供給過剰と言われる経済構造の下で、その融資ポートフォリオが劣化し続けていることはおそらくまちがいない。

銀行の貸出意欲が低迷する過程で、優良企業はむしろ社債発行による資金調達を積極化するようになった。国内市場だけでなく海外市場でも中国企業の新興企業は注目を集めており、世界的な低金利の中で、機関投資家は利回りが高く希少価値もある中国銘柄への選好を強めていった。その結果として、人民元だけでなくドル建てなど外貨建ての資金調達も大きく伸びることになったのである。

こうして中国の資本システムには、銀行が問題を抱えたことによって社債市場が発展する、という僥倖が発生した。ただしそれは、必ずしも健全なシステムが生まれたことを意味してはいない。銀行が苦しまぎれに怪しげなオフ・バランス商品を生み出し、社債市場は財務諸表も不明瞭な企業の債券発行を許すようになったからである。特に前者は、中国資本システムの不透明性の土壌となった。

一九九九年に一度不良債権問題を体験している中国の銀行は、資産内容の悪化に対して、今度は新しい手法を生み出した。かれらは、海外投資の制限を受けている国内投資家が利率の高い運用商品に飢えていることを利用したのである。それが「理財商品」と呼ばれるオフ・バランス商品であった。

3　両刃の剣「シャドー・バンキング」

富裕層の運用ニーズと理財商品

中国の理財商品は、米国のサブプライム・ローン証券化商品ときわめて相似性が高い。どちらも金融機関が特別目的会社（ＳＰＶ）に貸出債権を譲渡し、新たな装いの下で第三者としての投資家に販売されるものだ。大きな違いは、米国の証券化商品が主に銀行やファンドなどの機関投資家に販売されたのに対し、中国の理財商品はプロから富裕個人層まで幅広く浸透していること、そして前者に組み入れられた商品の中身は比較的透明性が高いが、後者の場合はほとんどブラックボックスに近いこと、である。

既に前章で述べた通り、米国の証券化商品にはいくつもの欠陥が付着していた。中国の理財商品には、それ以上のリスクが付随していると見なされてもしかたがない。現代の資本システムに新たに誕生したこのような金融商品の生命線は、投資家が原資産のリスクを正確に把握しているかどうか、という点にある。中国資本システムに対する不安はそこに凝縮されているといっても過言ではない。

資本システムの中で新商品が生まれるのは、買い手と売り手のニーズがマッチするからである。一九八〇年代に登場したスワップやオプションなどの金融派生商品もそんな土壌から誕生し、証券化商品も売り手としての金融機関と買い手としての機関投資家、そして仲介役の投資銀行と格付け会社の三者の利害関係が一致したところで登場した。

中国ではどうだろうか。投資家の強い運用ニーズがまず特筆されよう。強烈な経済成長ペースの下で中国内には富裕層が急増し、余裕資金が大量に生まれたが、その資金を資本化するシステムは発展していなかった。銀行の預金金利は政府の規制の下で低利に抑えつけられ、海外投資は厳しく取り締まられていたからである。個人投資家は、規制色の強い国内株や不動産に向かうしかなかったが、中国市場ではたびたび株価が急落し、住宅価格も不安定で、健全な資産運用の場が乏しいままであった。

そこに目をつけたのが金融機関である。かれらは二〇〇八年の財政出動と歩調を合わせるように急増した銀行融資を信託銀行に譲渡し、信託商品としてその債権を担保とする高利商品を作ったのである。それが、国債や優良社債などを担保とした堅実な運用商品と十把一絡げにして「理財商品」と呼ばれている。

これはまさに中国版の資産担保商品であったが、先進国の金融商品と異なるのは、銀行融資をベースとした理財商品の多くが無格付けであり担保内容も不透明で、投資家はただ「銀行が売っている高利回り商品」との触れ込みで「ノーリスク・ハイリターン」の運用と信じて購入していたことである。

正確に言えば、原資産である貸出債権は銀行のバランスシートから切り離されているので、その債権が不履行になれば投資家が損失を被る構造になっているが、売り手はそうしたリスクを投資家に十分に説明していないケースがほとんどだ、とも言われている。まずいことに、銀行はおそらく、自身が抱えるにはまずいと思われる融資を優先させて理財商品用に切り出している。つまり、不良債権の隠れ蓑として利用していた可能性が高いのだ。

理財商品には国債や優良社債が組み込まれているものもあるが、多くは高い利回りを提供する為に、信用力の低い企業向けや融資平台向けの貸出が含まれており、元本保証のないケースが大半を占めている。こうした理財商品を購入しているのは個人だけではない。高い利回りを狙ってリスク・テイクする機関投資家も含まれている。

銀行債権をはめ込んだ理財商品には、期間のミスマッチも発生している。運用期間は三〜四か月のものが主流であるが、担保となっている融資には建設プロジェクトなど長期間にわたるものが少なくない。運用期間終了時点でそのプロジェクトが生きていても、運営が難航したり遅延したりしていれば、当然ながらその融資の時価は低下し、償還時に損失が発生することは免れ得ないのである。また債権者側からすれば、数か月おきに資金調達先を見つけねばならない、という不都合さも露呈する。

爆発的に膨張する理財商品販売額

中国の金融行政は一九九〇年代以前の日本のように「企業や銀行は政府がつぶさない」という暗黙の了解の下で動いており、投資家は「どの理財商品も元本は保証されている」と信じてきた。実際に、事前に謳った利回りが達成できない場合は、販売した銀行が補塡するのが慣習になっていたのである。

その結果として、銀行による理財商品販売額は、二〇一六年末時点で、銀行融資総額のほぼ三〇%に相当する約二九兆元(約四七〇兆円)にまで膨張、二〇一〇年から約一〇倍という衝撃的なペースとなった。モラルハザードが欠如した資本システムに、慎重なリスク分析など受け容れられないのである。

理財商品のような運用商品を組成・販売するのは大手銀行だけではない。中堅・中小の銀行や証券会社、信託銀行、そして保険会社までもこうした高利回りの金融商品を開発して顧客に販売しており、その総額はGDPの七五%に相当する約六〇兆元(約九六〇兆円)という巨額に上った。

こうして運用商品販売における競争が激化した結果、その資産運用利回りを高めるために、レバレッジをかけてリスク・テイクする、という風潮も強まってきた。つまり初期の理財商品においては、信用力が低く金利水準の高い銀行債権を組み入れて高利回りを実現してきたが、販売競争の過程で証券内に保有される債券を貸し出して資金を調達し新たな投資商品を組み入れる、というレバレッジ運用が始まったのである。

これはいわゆるレポ取引という借金を通じた運用であるが、うまくいけばリターンが増える一方で、失敗すれば損失が急拡大する構造である。金利上昇や株価下落といった局面では、リターンが急速に悪化する可能性は否めない。

そして理財商品の最大の懸念は、前述したように、不良債権の飛ばし先として利用されていることである。それは、誰が最終的に損失を負担するかが不透明、という問題も提起している。通常の資産担保証券であれば、原資産である融資のデフォルト損失は投資家が背負うことになるが、中国の理財商品の場合、担保となっている企業向け融資が必ずしも法的に完全に銀行から切り離されているとも言えず、社会不安を恐れる政府の政治的判断次第では、投資家保護のために銀行が損失を被る可能性は否定できない。

つまり、銀行の不良債権比率の公表値は過小評価されており、実際にデフォルトが相次げば銀行経営に支障が生じ、金融システムが揺らぐ。政府は巨額の公的資金を投入せざるを得ないだろうが、それは中国の資本システム育成計画が大幅に遅延することを意味している。

シャドー・バンキング規制に乗り出した中国政府

こうした理財商品を中核とする直接に銀行を介在しない金融取引は、「シャドー・バンキング（影の銀行取引）」と呼ばれている。シャドー・バンキングはそもそも米国において、投資銀行やヘッジファンド、ＰＥファンドあるいは資産担保証券など、規制色の緩い市場における金融取引を総合的に呼んでいた概念であり、その管理の甘さが危機の土壌になった、と批判されてきた。

顧客から預金を預かり企業に信用を供与する銀行は、厳しい規制に囲まれて営業しているが、いわゆるノンバンクは銀行免許が不要であり、思いのままに資金調達を行って運用を行うことができる。どちらも資本システムの中で「資金を資本化している」のだが、その自由度がまるで異なることから、後者において事故が発生しやすいのは当然の帰結でもある。

中国政府も、さすがに理財商品に代表されるこのシャドー・バンキングの問題を重く見てメスを入れ始めた。個別取引に対する規制導入だけでなく、資産運用業界全体を鳥瞰するリスク管理手法の導入を検討していることは、一歩前進であろう。

具体的には、これまでバラバラであったシャドー・バンキングに対する規制方針を一本化して規制の抜け穴を塞ぎ、運用商品を販売対象や運用対象などによって分類し、資産運用業を健全化するとともに投資家保護を強化する、という方針が採られている。そこには、元本保証の禁止やレバレッジの最大比率、引当金の保有義務なども盛り込まれている。

また中国政府は「銀行業監督管理委員会」と「保険監督管理委員会」を統合し、その機関のトップに規制強化の旗振り役を務めてきた郭樹清氏を充て、さらに同氏を中国人民銀行の党委員会書記に任命するなど、資本リスク抑制への姿勢を強めていることも特筆される。

銀行に対しては、理財商品の組み戻し、すなわちバランスシートから切り離して投資家に販売した融資債権を再び銀行の資産として認識させるように圧力をかけ始めている。理財商品を資本システムのリスクと見なし、もともと融資を行った銀行に移管させ管理させる方針だと言っていい。この施策も具体的な一つの改善傾向である。

こうして中国政府が理財商品にメスを入れ、シャドー・バンキングの透明性を高め、市場原理に基づく証券投資のインフラを整えることは、中国経済の健全な発展を担保することになる。中国が理財商品をうまく使いこなせれば、「資金を資本化する」ための強力な武器になるだろう。中国の資本システム整備が国際経済に大きく貢献することは明らかだ。

金融力では大きく米に劣る中国

だが、理財商品という市場の管理や健全な育成は決して容易ではない。中国の経済成長が理財商品の急増によって支えられていたという事実があるため、当局は理財商品を縮小させず規制しながら同時に活かし続ける、という綱渡りを迫られているからだ。

また中国の規制方針には、運用商品に中央政府が進める「一帯一路」プロジェクトへの融資を優先する計画や、外資系ではなく国内勢の資産運用業者を育成する青写真も描かれており、そうした「チャイニーズ・ファースト」の精神が、本来の資本システム育成にとっての障害になる恐れもある。

中国は、GDPで測定する経済力ではいずれ米国を凌駕するとの見方が大勢であるが、その経済を支える金融力においては、米国にはまったく太刀打ちできていない。債券市場や株式市場は量的に拡大中ではあるが、質の面では先進国市場とまだ果てしない距離がある。特に「クレジット市場」と呼ばれる社債や銀行融資、あるいは不動産関連投資などにおける透明性は依然として低い。

そしてさらなる懸念材料は、習主席の独裁体制が強まる中で従来の構造改革派の存在感が低下し、市場原理の導入が大幅に後退する気配が高まっていることだ。成長率が鈍化する過程での改革は、一段の景気減速や失業増を生みかねない、といった警戒感が保守派には根強く定着している。理財商品の「粛清」によって銀行の資産が増えてしまい、新規融資余力が低下するという危険性もある。

ハイリスクが指摘される理財商品は、実は中国経済の成長ペース維持に不可欠の存在でもあった。中国政府は「デレバレッジ戦略」を打ち出してはいるが、信用収縮を招くことは避けねばならない。シャドー・バンキングの抜本的改革は、結局期待外れに終わるかもしれない。

そして国内市場でデレバレッジを強要される企業が、抜け道として海外市場でのドル建て起債に傾斜する可能性もある。それは、人民元という国際的な資本システムにおける「虚像」のヴェールを剝がしてしまうこともないとは言えないのである。

4　人民元安と債務危機の相関

ドルと元の二強体制への夢

通貨もまた、資本システムの中で重要な役割を果たす機能を有している。金融史を眺めれば、一九世紀後半から基軸通貨の座に君臨した英国のポンドが、世界中に散在する資金を資本化する場を提供してきたことがわかる。当時のポンドは、英国内での資本主義社会を成熟させただけでなく、日本や欧州、米国、中南米、中東などの諸国における経済拡大にも貢献することとなった。

その後を受け継いだ米国のドルは現在、ポンド以上に資本システムの重要な責務を担っている。二〇〇八年の金融危機によってその覇権がやや揺らいだように見えた時期もあったが、国際通貨としてのライバル不在の中で、ドルの重要性は高まる一方である。

そこに、人民元が強大な経済力を背景に存在感を増してきた。国際的な決済に利用される準備通貨としては、ドルが六〇％を占める一方で人民元はまだ約一％のシェアしかないが、いずれ二〇％前後で頭打ち気配の強いユーロや、約四％に止まっている円やポンドに次ぐ地位に上がることは確実と見られている。中には、長期的には準備通貨がドルと人民元の二強体制になる、と予想する向きすらある。

そんな勢いを反映するように、ＩＭＦは二〇一六年秋に、特別引き出し権（ＳＤＲ）と呼ばれる準備通貨の構成通貨に人民元を加えることを決定した。そのバスケット通貨のシェア割りは、ドルが四一・七三％、ユーロが三〇・九三％、人民元が一〇・九二％、円が八・三三％、ポンドが八・〇九％となり、シェアの上では人民元が「第三位通貨」として位置づけられることになったのである。

中国の中央銀行である人民銀行の総裁を一五年以上も務めた周小川氏は、人民元の自由化や国際化に力を入れてきた改革派であり、ドルが世界を牛耳る姿に不満を抱く政府と波長を合わせながら、ＩＭＦにも強く働きかけてきた。後任となった易綱総裁もその意思を受け継ぐ方針を示している。

そして中国政府と連携する人民銀行は、人民元の海外での利用促進を促すために、アジアや中南米など各国の中銀と通貨スワップ協定を結び、英国や香港などの市場において、海外企業による人民元建て債券発行を円滑にするための規制緩和に取り組んできた。また徐々にではあるが、海外投資家による対中証券投資の規制を緩和して、海外資金を呼び込む姿勢に転換していった。

そこには、経済を急発展させながらも、通貨では閉鎖的な方針を採ってきた日本を反面教師にしてきた様子も窺われる。日本経済が円高に弱いのは、基本的に貿易構造がドル本位制に従属しているからである。逆に、世界通貨を持つ米国は計り知れない特権を持っている。中国は、自国通貨を準備通貨にすることが資本システム育成の上でいかに重要であるかを、日本から学んだと言ってもいいかもしれない。

とどめられた人民元自由化の波

人民元の改革は二〇〇五年から始まった。それまで新興国通貨の中でも規制が強過ぎて市場からほとんど相手にされることのなかった通貨を、中国政府は本物に仕立てようと決意したのである。当時の国家主席であった胡錦濤氏と首相の温家宝氏は、ともに市場経済化に向けた改革を支持しており、一部変動制を採り入れた通貨改革もその一つであったと言える。

もっとも、人民元改革の背景には、貿易赤字が急増していた米国からの厳しい通貨切り上げ圧力もあった。米議会では、急増する中国からの輸入品に不満を抱く議員らが報復関税法案を起案し、人民元は約四〇％過小評価されているといった、一九八〇年代の日本円に対する批判と同じような議論が巻き起こっていたのである。

それまでドルに固定されていた人民元レートは、同年七月に公表された制度改革によって「通貨バスケット方式」に修正され、対ドルの水準も一ドル八・二八元から八・一一元に上方修正された。だがこれは二％程度の切り上げに過ぎず、米国からはそれ以降も執拗に人民元切り上げ要求が続くことになる。

また、バスケットの中身はドル、ユーロ、円、ウォンが主要通貨だと見られたが、明確な定義はなく、市場からは依然としてドルに固定された管理相場だと見なされていた。

その後、徐々に日中の変動幅を拡大しながら対ドルでの切り上げを容認し、二〇〇八年の世界的な金融危機の際には一時的に固定相場としたが、二〇一〇年には管理相場ながらも変動制に戻し、変動幅を一段と拡大させながら現在に至っている。

その間、人民銀行の周前総裁は、国際決済通貨としてＩＭＦの準備通貨であるＳＤＲを活用する案を提示したこともあったが、二〇一三年には、為替相場の完全な自由化や資本市場における人民元の自由化などを描いた構想を発表し、人民元をドルに並ぶ準備通貨に育てていく方向性を明らかにした。市場からは、中国が資本システムにおける人民元の役割拡大に向けて大きく舵を切った、と注目された。

だがその自由化への波は、経済成長のペース鈍化を背景とする、中国からの資本流出の急増という局面に遭遇して、一気に後退することになる。中国経済が転機を迎えたのが、まさに人民元自由化構想が打ち上げられた直前の二〇一二年であった。

それまで公表数字として二桁前後を記録していた中国の成長率は、二〇一二年に七・九%と八%台を割り込み、その後徐々に鈍化傾向を強めていったが、それと歩調を合わせるように海外資本の流入に急ブレーキが掛かり、二〇一五年以降はむしろ資本流出が止まらなくなったのである。習主席は、おそらくその時点で「人民元の性急な自由化や国際化は、共産党の命取りになりかねない」と直感的に判断したように思われる。

露呈した人民元の未熟さ

中国の外貨準備高が世界最高になったのは、それほど昔の話ではない。急増する輸出を背景に、二〇〇六年三月にその額は八七五〇億ドルまで増加して、当時世界最大の外貨準備保有国であった日本を抜き去った。ただし注目すべきは、その後の増加ペースである。同年末に一兆ドルを突破した外貨準備高は、二〇〇九年初には二兆ドル、二〇一一年初には三兆ドルを超え、二〇一四年六月にはほぼ四兆ドルにまで膨張した。

外貨準備高の反対側には国内債務が存在することから、これを国の貯蓄と考えるのはまちがいだが、その規模はやはり輸出大国のイメージを表徴している。世界第二位の日本の外貨準備高は二〇一一年以降約一・二兆ドルで頭打ちとなっており、中国の外貨積み上げペースの異様さが浮き彫りになっている。

その中国の外貨準備高の増加ペースに変曲点が訪れたのは、二〇一四年下半期であった。それ以降、外貨準備高は減少を続け、二〇一七年初には三兆ドルを一時割り込むこととなった。約二年半で、日本の保有残高にほぼ等しい一兆ドルが消えたことになる。その間、歩調を合わせるように、人民元の対ドル水準も六・〇元近辺から七・〇元近くまで切り下がっていった。

その背景にあったのは、中国経済への懸念を抱いた資本流出である。それまで、同国の持続的な成長期待や人民元の先高感から中国への投資・投機を積み上げていた海外勢が、いっせいに資金を引き揚げたのである。それは、資本システムが動揺する際の典型的な資金逆流現象であった。

そうした海外投資家に加えて、国内投資家の海外への資本逃避も指摘されている。そうした資本動向が人民元安を加速し、さらに先安観が強まったことから、資金調達を行うために外債を発行していた中国企業の多くは、為替差損の拡大を回避しようと債務返済手当のための人民元売り・外貨買いを加速させたことも、人民元売りのペースを増長させていったのである。

中国の外貨準備高が急減したのは、こうした民間の人民元売り・外貨買いの圧力から人民元が急落することを恐れて、ドル売りの為替介入を行ったのが主因である。従来、人民銀行は為替レートを輸出に有利になるよう元安に誘導、つまりドル買い・人民元売りを行ってきた。それが外貨準備高急増の背景にあった。だが二〇一五年以降は、資本流出を加速しかねない人民元の暴落懸念を鎮静化するために、逆の介入、つまりドル売り・人民元買いを行わざるを得なくなった。加えて中国は、家計や国内企業の対外投資を制限する、事実上の資本規制に向かわざるを得なくなったのである。

それは、人民元がドルやユーロ、円、ポンドなどとは違って、国際的には未成熟な通貨であることを露呈することになった。人民元はSDRの構成通貨にはなったが、それは通貨の実力を反映したものではなく、あくまで「政治的通貨」としての地位を与えられたに過ぎないことが、誰の目にも明らかになったのである。

そして、二〇一八年には米国との貿易摩擦が深刻化し、相互に関税を導入する「貿易戦争」が始まったことで、人民元に対する不信感や不安感が一段と強まっている。政府が元安を容認しているとの見方は根強く、また中国の経常黒字が輸出の頭打ちや旅行収支の赤字拡大で減少ペースを強めていることなどを踏まえれば、人民元安ペースに一段と拍車がかかることもありえるだろう。人民元売りは、常に中国からの資本流出懸念を惹起させ、資本システム不安を醸成する。中国は、その不安定なサイクルからなかなか抜け出せないでいる。

問われる中国の資本システムの耐久力

いずれGDPで米国を抜くことが確実視される中国の経済力を侮ることはできないが、その金融システムや資本システムの耐久力は過大評価されがちである。銀行の不良債権問題とコインの裏表の関係にある国有企業の過剰債務問題は、これからも市場の懸念材料として幾度となく注目を集めることになるだろう。

ただし、中国の資本システムの問題は、たんに習政権のデレバレッジ戦略だけで解決するものではないことにも注意せねばなるまい。日米欧など先進国でも見られたように、過剰債務の棒引き処理は、銀行経営を圧迫するために公的資金注入が不可避となり、その財源は国債の大量発行によって賄われるのが通例だが、中国の場合それが円滑に行われる保証はないからである。

先進国の場合、増発された国債は多少の金利上昇があったとしても、それほど消化に懸念は生じない。例外は、欧州債務危機の際のギリシアやポルトガル、スペインなどの資金調達であった。不信感を強める投資家の動向に金利は急騰、国債発行が不可能となってＩＭＦやＥＵからの支援を仰いだことは記憶に新しい。

中国では現在、国債発行は日本と同様に、ほぼ国内資金で消化されている。特に投資家としての依存度の高いのが銀行である。だが銀行も、無尽蔵に国債を購入しうるマシーンではない。そして、個人投資家は基本的に中国政府を信用しておらず、増発される国債の自発的な買い手として期待できないとの見方も根強い。日本や米国などと大きく異なるのは、こうした通貨や国債への信頼感である。

金融危機は、民間債務を公的部門が肩代わりして公的債務に振り替えることで収束していく。

経済が回復すれば、税収によって、一時的に増えた公的債務は返済できる。それが資本システムの基本原理でもあるが、その大前提は、通貨や国債に対する自国民の信頼感である。

中国国民にそうした土壌があるのかどうか、つまり国債の大量発行が円滑に国内で消化されうるのか、現時点では何とも言えない。場合によっては、人民銀行による直接引き受けといった政治的処理が行われることもありえよう。

公的債務をGDP比で計測してもあまり意味がない、と前に述べたのは、そういう意味である。債務水準や貯蓄水準が同じであっても、国内貯蓄によって公的部門の赤字が支えられる国と、そうでない国の違いは歴然としている。

また、二〇一八年に入って顕著になってきた米国との貿易摩擦激化の過程で、資本システムへの負荷が増大し始めていることも無視できない。

しかし、資本システムが脆弱な中国に、危機が迫る時期を予測することは不可能に近い。強力な政治権力と力強い経済成長が、そのリスクを覆い隠し続けるからだ。だがシステムの欠陥は、いつかどこかで露呈する。習独裁政権がその影響を最小限に食い止められるかどうか、その指導力を問われることになるだろう。

2017年12月、ＥＵは将来の金融危機に備え「欧州通貨基金」の創設や「銀行同盟」の完成を目指し、トップ協議を始めた。共通通貨ユーロのマークをかたどったモニュメント（ロイター＝共同）

第3章 不完全通貨「ユーロ」

──ＥＵの苦難は続く

1　債務危機は何を語ったか

パリバ・ショック　欧州経済惨劇の幕開け

欧州、特にユーロ圏の経済は、二〇〇八年の金融危機の後遺症にひどく悩まされてきた。欧州の銀行が米国産の資産担保証券を大量に取得しており、その損失処理に追われただけでなく、二〇一二年以降のギリシア危機に端を発した債務問題が南欧諸国を中心に波及し、ユーロの存続性が問題視されるなど、厳しい状況に追い込まれたからである。

欧州が、その長い歴史の過程で、理想主義と現実主義の狭間で揺れ動いてきたことを考えれば、ここ一〇年間が特にユニークな時期であったとは言えない。一七世紀のウェストファリア条約によって国家主権が樹立されて以降も、欧州は幾度となく戦乱に搔き乱され、二〇世紀の二度にわたる戦禍の果てに打ち立てられた共同体精神すら、依然として揺らぎ続けているのが現実である。

もちろん、EUが戦争という時代錯誤的な手段を捨て去ったことは、いまだに軍事的なあつれきが底流に潜む中東やアジアなどと比べれば、高く評価されるべきだろう。ロシアとの歴史的な対決姿勢は消えておらず、軍事的脅威が完全に去った訳ではないが、二〇世紀半ばまで敵対関係にあった国々がEUという枠組みに収束し、旧共産圏の国々まで取り込んで、平和の価値観を共有するに至った政治的プロセスは、まちがいなく世界の先端を行く。

またトランプ大統領の登場によって米国が自国第一主義の看板を振りかざす中で、開かれた自由な社会の重要性をアピールし続けていることも、欧州の進取性を浮き彫りにしている。経済面においても自由貿易を主張し続けていることは、欧州が数世紀にわたって培ってきた社会的な伝統的価値観のあらわれであるように思われる。

だが欧州といえども、完璧な政治経済共同体ではない。もし経済的な問題が起きれば、保守的な行動原理が頭をもたげて来ることは、古今東西同じである。二〇〇八年の米国発の金融危機の波及は、まさにその発端となった。というよりも、その危機の兆候は、実は米国ではなく欧州内部で発覚したのである。

序章で述べたように、リーマン・ブラザーズが経営破綻する一年以上前に、フランス大手銀行のBNPパリバ傘下の資産運用会社が「顧客からの解約請求に応じない」と発表したことが、世界の市場を驚かせた。そのファンドは、米国のサブプライム・ローンを担保とする資産証券を大量に買い込んで運用していたのである。

住宅市場の変調をきっかけにその資産価格が急落し、流動性が乏しいために売却も不可能になったことから、ファンドを事実上凍結せざるを得なくなったのである。二一世紀の欧州経済の惨劇は、ここから始まった。

アイスランド発金融危機とリーマン・ショック

一見して、二〇〇八年のリーマン・ブラザーズの経営破綻と二〇一二年のギリシア債務危機との間には直接関係がないように思われるかもしれないが、それは「欧州の銀行」を通じた金融システムの底流で直結していた。両者は、決して独立した事象ではなかったのだ。

欧州の銀行が米国産の証券化商品を大量に購入して巨額の評価損を抱えたのは事実であったが、欧州の問題はこのサブプライム問題ではなく、巨額の外貨資金に依存して資産を急拡大させていたアイスランドの金融システムにおいて、まず発生した。欧米の金融機関は、未曽有の金融市場の混乱の中で自身の経営を守るために、信用に不安のある他行への短期融資を回収し始めたのである。これにより同国の主要銀行は資金調達ができなくなって経営難に陥り、財政を通じて支援に出動したアイスランドは、即座に国家財政破綻寸前まで追い込まれた。

この金融危機はハンガリーやルーマニア、ラトビア、ウクライナなどにも飛び火し、ユーロに守られていたはずのユーロ圏にまでも火の粉が降りかかってきた。既に成長ペースがゼロ近辺にまで失速していた二〇〇九年秋のギリシアでは、世界的な経済低迷のあおりを受けて、当時のカラマンリス首相が国民の同意を得て改革を行おうとした。そのために二〇一一年に予定されていた総選挙を前倒しで実施したものの、結果的には与党が敗北して政権交代が起こり、それまで隠蔽されていた財政赤字が新政権によって暴露されるという事態になったのである。

また、世界経済や金融機関の信用供与が急縮小する中で不動産市況も悪化し、不動産関連融資を急速に伸ばしていたアイルランドの銀行も経営難に陥ることになった。それは、公的支援の急増、すなわち財政赤字や公的債務の膨張を意味するものであり、それまでは同じユーロの下でソブリン・デフォルトはありえないと考えていた銀行が、クロス・ボーダーのソブリン融資に慎重になり始めたのである。

ギリシアに対する不信を強めていた銀行や資本市場は、アイルランドやスペイン、ポルトガルそしてイタリアにまで財政不信を突きつけ、国債金利は急上昇していった。そこには、欧州の銀行自身がサブプライム・ローン商品を大量に抱え、処理することもできず、まず処分しやすい国債を売却し始めたという事情もあった。結局、南欧諸国は、ＥＵやＩＭＦからの支援を受けざるを得なくなったのである。

米国の証券化商品は当然ドル建てだが、欧州の銀行の場合は、市場からドル資金を調達して、厚い利鞘の稼げるドル建て証券化商品に投資していたのである。欧州には同様の運用商品がなかったことも、かれらが米国産のサブプライム・ローン商品に殺到した理由の一つであった。

かくして米国発の金融危機は、銀行ルートを通じて「欧州のソブリン・リスク（国家のデフォルトの可能性）」を意識させることになる。欧州は、銀行のポートフォリオが痛み、南欧諸国を中心に公的支援が増え、長期金利が跳ね上がって資金調達コストが大幅に上昇し、それが実体経済や不動産市況にネガティブな影響を及ぼすという、悪循環に陥り始めたのである。それは、ユーロ建て資本システムの急速な脆弱化を意味するものでもあった。

隠蔽されたギリシアの信用リスク

ユーロはそもそも、そうした債務危機が発生することはないように設計されていたはずである。金融安定の重要性は、欧州がいちばんよくわかっていたからだ。近代的な意味での金融が誕生したのは中世の欧州であり、その発祥地であるイタリアからスペイン、ポルトガル、そしてオランダ、英国へと金融センターが変遷する過程で、「資金を資本化」する資本システムの機能を拡張させていった経緯があったのである。ちなみに米国は、欧州のDNAを受け継いで現代最強の資本システムを構築した国、と言えよう。

戦後の欧州は、共通通貨を設計する段階で、加盟国の債務水準については厳しい条件を付すことにした。それが「財政赤字をGDP比三％以内にする」「公的債務をGDP比六〇％以下にする」といった条件である。この条件に照らせば、日本は完全に「アウト」である。

ユーロ圏は通貨を共有するものの、日本や米国などと違って、予算や税制などは各国の主権に委ねられている。そうした中では、財政面で一定のルールを課し、通貨不安が起きないようにシステムを制御する必要があったのである。

この制度設計の下で欧州の企業や投資家は、従来のように域内の為替リスクを気にすることなく、投資計画を進めることができるようになった。たとえばドイツの銀行は自国の国債より利回りの高いポルトガル企業の社債を為替リスクなしに購入し、フランス企業は自国内よりも労働コストの低いスペインでやはり為替リスクなしに工場建設する、といった行動が可能になったのだ。だが、民間投資には当然ながら信用リスク分析が必要になるのに対し、国債投資や政府機関への融資に関しては、リスク・フリーと見なされるようになる。ユーロの設計上、ソブリン・リスクはほぼゼロとの認識が共有されたからである。したがって、デフォルト・リスクも、為替リスクもないのであるから、利回りが高いギリシア国債のような商品に銀行や機関投資家が殺到したのも当然であった。

こうしたデフォルトを許さないはずのユーロ加盟に関する堅牢な「建築条件」にもかかわらず、なぜギリシアが問題を引き起こしたのか。それは、隠蔽が原因であった。その作業に複雑なスワップ取引を利用して協力したのが米投資銀行大手のゴールドマン・サックスであることは、業界内では周知の事実である。

もっとも、虚偽が判明しても加盟してしまえば時計の針は後には戻せない。ユーロ加盟時の財政収支に疑義があったとしても、ギリシアをユーロ圏から追い出すわけにはいかなかったのである。代わって、ギリシアにユーロ圏離脱を迫ったのは資本市場であった。長期金利が四〇％超まで急騰した同国への処方箋としては、ユーロを離脱してドラクマに戻り、大幅な為替切り下げで経済を再建するしか方法はない、というのが当時の市場の読みであった。

「ユーロを守るためには何でも」ECBドラギ総裁の決意

そんなユーロを危機から救ったのは、二〇一二年七月に「ユーロを守るためには何でもやる」と発言したECB（欧州中央銀行）のドラギ総裁である。当時はユーロ加盟国内でも「ギリシアの離脱やむを得ず」との空気が強まり、「最後までユーロ死守」という政治的なコミットメントを維持してきたメルケル首相さえも、さじを投げようとしたその瞬間に、同総裁がギリシア国債買い入れに出動したのである。

その国債買い入れプログラムには財政条件が付されていたが、対象はギリシアに限られておらず、また金額も無制限であったことから、総裁発言自体が南欧諸国の国債利回りを急低下させることとなった。ドイツなど「中央銀行が財政を支援すること」を嫌う諸国の猛反対を押し切って決定された財政弱小国の救済策は、市場鎮静化に成功した。

ECBはその後も、量的緩和策やマイナス金利導入を通じてインフレ率の引き上げを図り、銀行に対する長期的な特別貸出枠を設定するなど、ユーロ圏の経済活性化に積極的に取り組んできた。その後は、米国や中国の経済成長にも助けられ、自律反発的に同域内の成長率は徐々に回復し、失業率も改善し始めたのである。

中でも構造改革に着手したスペインはいち早く危機から脱し、政治的混迷にあえいでいたイタリアにもようやく薄明かりが差してきた。反EU機運の高まりが懸念されたフランスでも、景気は着実に改善し、二〇一七年にはユーロ圏のさらなる改革への意気込みを見せた新進気鋭のマクロン大統領が誕生した。

とはいえ、やはりユーロ圏の政治経済的中核がドイツであることは言うまでもなく、ＥＣＢの緩和策とメルケル首相の統率力の両輪で、ユーロ圏経済は復活してきた、といえるだろう。二〇一七年の域内成長率は日米英を超える水準までに改善し、金融機関の経営もひとまず安定化したことで、欧州危機は既に消え去ったようにも見えた。

だがユーロ圏の資本システムが再建された、と考えるのは早計だ。ＥＣＢの大胆な金融政策は、むしろモラルハザードを引き起こして、各国に必要な構造改革を遅らせた可能性も指摘されている。ギリシアの財政問題は根本的に解決されたとは言いがたく、イタリアでは経済成長ペースの頭打ちが続いている。

また、ユーロ危機回避の立役者であったＥＣＢのドラギ総裁は二〇一九年秋に退任予定であり、メルケル独首相も四期目に入ったとはいえ、その政権運営は綱渡りの状況にある。通貨安定に貢献したこの「二枚看板」の持続性には限界がある。ユーロの資本システムにはばんそうこうがあちこち貼られている状態であり、依然として脆弱な構造を抱えていることに変わりはない。

2　欧州の資本システム　弱すぎる銀行と強すぎるＥＣＢ

間接金融主体のユーロ圏

「欧米」という言葉でヨーロッパとアメリカを一くくりにすることには常に危険が伴うが、経済や金融も例外ではない。本書でもしばしば「欧米の」といった表現で説明することも出てくるが、それはあくまで日本や中国などとの相違という意味であり、米国と欧州が同質だと言っているわけではない。

また、欧州といっても、経済モデルや市場構造に関しては、英国とドイツ・フランスなどはまったく異なっている。たとえば、企業活動など実体経済を支える金融インフラに関して言えば、欧州では直接金融が発達した英国と、間接金融が主体の大陸諸国という区分ができる。

英国はポンドが基軸通貨であった時代から市場取引が進んでおり、それを米国が輸入しさらに発達させたことで、英米は独特の資本システムを作り上げた。現代の米国金融に欠かせない投資銀行というユニークな存在は、英国のマーチャントバンクが発祥である。

それに対してドイツやフランス、イタリアなどでは、日本と同じように商業銀行が主役を務める時代が続き、社債などの資本市場はさほど活性化しなかった。たとえば、英米市場には、信用力の低い企業が資金調達を行う「ジャンク債市場」が発達しているが、大陸諸国にはそれほど大きなジャンク債市場は存在しない。金融危機以降、銀行の弱体化でドイツやフランスにもようやく投機的格付け企業が発行する社債市場が拡大しつつあるが、規模では英米市場の比ではない。

その差の起源は、通貨の役割にあると思われる。基軸通貨の座にあったポンドやドルは世界中に蓄積され、各国に貿易決済の為の準備通貨としてだけでなく、資本投下力をも植えつけてきた。つまり自国内のみならず、海外にもポンド建て、ドル建て資金の資本化を行うシステムが構築されてきたのだ。それが銀行に頼らない直接金融を育てる土壌となった。

一方で、国際化が進まなかった円、西独マルク、フランス・フラン、イタリア・リラ、スペイン・ペセタなどの通貨市場においては、そうした幅広い資本システムができあがらず、国内の商業銀行における資金吸収力を通じた間接金融に依存せざるを得なくなったのだろう。経済力と金融力が異なる所以でもある。

そうした間接金融主体の資本システムにおいて、銀行が体力を失えば、一気に「資金を資本化する」信用供与の機能が収縮し、経済に資本という血流が流れなくなる。金融危機に見舞われた欧州は、一九九〇年代の日本と同じ状況であった。ユーロ圏では各国に存在する大手銀行が経済の中心を担っているが、サブプライム投資や南欧ソブリン国債への投資で評価損が膨らみ、預金という資金を融資という資本に化身させる機能が大幅に低下することになった。欧州の銀行は、ＥＣＢの支援なしには信用供与を続ける体力がなくなってしまったのである。

預貸率が高いユーロ圏の銀行

ユーロ圏の銀行には、日米の銀行とはやや異なった構造特性がある。それは、預金残高に対する貸出の割合を示す預貸率の高さである。銀行は貸出の原資として預金を受けいれるのが本業だが、その両者は常にバランスしている訳ではない。

日本の場合、預金残高が常に貸出残高を上回る預貸率の低さが指摘されてきた。その預貸率は不良債権処理時代から減少傾向が続いており、現在では七〇％前後まで低下している。米国も同様に、金融危機以降は預貸率が一〇〇％を割り込み、現在は八〇％程度の水準まで切り下がっている。

それに比べ、ユーロ圏の銀行は恒常的に預貸率が高止まりしており、今世紀初頭は一一〇％であったその水準は、債務危機に見舞われた後でも一〇〇％以上で推移している。つまり、預金残高が貸出残高を下回る状況が続いているのである。

資金が資本に転化される資本システムの面から見れば、日米は資本化されない資金がだぶついており、ユーロ圏では資本化すべき資金が不足していることがわかる。ユーロ圏の銀行は、その対策として常に市場から資金を調達する必要に迫られている、ということである。

この「市場性資金」は、平穏な市場環境の下では銀行間市場において問題なく調達できるが、ひとたび信用不安が起きればたちまち資金不足が露呈してしまう。その際には、保有する資産を売却しなければ帳尻が合わなくなるのである。

ユーロ圏の銀行は、健全なユーロ建て銀行債権があればそれを担保にＥＣＢからユーロを借り入れることができるが、ドル建て商品ではそうはいかない。まして、評価額が急減した保有証券化商品は担保としても価値がないので、米銀も簡単にはドルを貸してくれない。とはいえ投げ売りすれば損失が膨らんでしまう。

こうしてユーロ圏の銀行は、保有するドル建て商品の価値急落という状況下で、思考停止に陥ってしまった。米銀も似たような状況に追い込まれたが、米国当局は公的支援と規制強化の両輪をフルに活用して、かなり強引に不良資産処理と自己資本比率改善を求めたことで、銀行経営の再建が進んだ。だがユーロ圏では、当局による銀行問題対応が大きく遅延し、問題が先送りされてしまったのである。

立ち後れる不良債権処理

銀行経営問題の処理は、税金投入という問題が常に生じるためにハードルが高くなる。約七〇〇〇億ドルの公的支援を実施した米国でも、リーマン・ブラザーズが経営破綻して株価が暴落し金融不安が広がった際には、米議会は公的支援に強く反対していた。一九九〇年代の日本でも銀行救済には反対の声が根強く、北海道拓殖銀行が経営破綻に追い込まれた経緯がある。だがユーロ圏の場合は、少し異なる展開になった。

欧州では二〇〇七年に英国で約一〇〇年ぶりの銀行取り付け騒ぎが発生し、その余波はユーロ圏にも拡大する可能性が指摘されていた。これに対し、ユーロ圏諸国の銀行は正確な情報公開を行わず、できる限り信用不安を抑制しようとする行動に出た。当時のユーロ圏には全体の銀行を網羅的に管理監督する組織がなく、各国の規制当局の判断にまかせる体制になっていた。

その後、前述したような南欧債務問題が深刻化してきたことから、ユーロ圏諸国は銀行の経営問題が明るみに出れば対処が一層困難になる、との判断に傾いたように思われる。欧州では社会不安を引き起こしかねない債務再編や債権処理には慎重になる傾向も強い。

経営健全化の為に導入されたストレステストも不十分であり、いくつかの国では不良債権問題を封じ込める姿勢が散見されるようになった。ここでも欧州と米国の違いは明らかだ。そして不良債権問題は、米国のように一気にクリアされることはなかった。

預貸率の高さは、資金が不足しているという面と貸出が過剰であるという面の二つの顔を持つ。不良債権問題は、後者の特徴を表すものである。今日、ユーロ圏に景気拡大という順風が吹き始めた中でその処理ペースを加速させなければ、問題が再燃するリスクを資本システムに残してしまう。

ユーロ圏の銀行では不良債権比率が二〇一三年に八%でピークを打ち、二〇一七年には四・五%にまで低下するなど大きく改善してはいるが、その減少ペースはきわめて遅い。ちなみに日米では既に一%台となっている。またギリシアやキプロスでは同比率が四〇%超と悲惨な状況であり、イタリアやポルトガルでも一〇％を超えるなど、地域的に不良債権が偏在していることもユーロ圏の特徴である。

ＥＣＢによれば、ユーロ圏の不良債権総額は、二〇一七年末時点で約八三〇〇億ユーロと減少してきてはいるが、依然として域内ＧＤＰの約九％に高止まりしている。その多くは商業用不動産関連の融資であるが、家計向けの融資も少なくない。

米銀における不良債権処理のペースの違いは、市場取引という流動性の面でも説明できるだろう。米国では優良な貸付債権から不良債権まで、幅広くローン売買が行われているが、それを可能にしているのが、情報公開の徹底を背景としたリスク・テイカーの存在だ。その延長として、米国には不良債権を対象にした証券化市場も生まれた。ユーロ圏には、日本と同様に、こうした市場取引が乏しい。

また制度的な問題も、不良債権処理を遅延させる要因となった。不良債権に対する引当金の統一的な会計基準が設定されていなかったことや、銀行の破綻処理制度が整備されていなかったことも、規制当局が不良債権処理への大胆な対策に積極的になれない一因となった。

「資金の資本化」ができない銀行　イタリアの苦しみ

不良債権が残っていても、十分な引当金が積み上げられた上に、景気拡大に伴う回収率の上昇が見込まれる場合は、深刻な問題に発展することはない。ユーロ圏もいまそうした状態にまで改善しているのだ、と指摘する声もある。

だが、不良債権処理に向き合わない銀行は、資本システムにおける「資金の資本化」という能動的な役割を果たすことができない。ただ単純に既存の融資を継続させているだけでは、成長資金は供給されないのである。

その意味で、ユーロ圏における銀行問題の中でも最も懸念されているのがイタリアである。世界最古の銀行と言われる同国三位のモンテ・デイ・パスキ・ディ・シエナ銀行は、二〇一七年に政府から公的資金を受けて再建中であるが、他にも経営難に苦しむ銀行は少なくない。イタリアの銀行再建過程はまだ途上にある。

ではユーロ圏の主要国の中でドイツやフランス、スペインなどが徐々に銀行問題を克服していったのに対し、なぜイタリアだけが問題処理に後れを取ったのだろうか。

まず基本的な構造問題として、イタリアの公的債務残高は他の欧州主要国に比べてかなり高く、ギリシア問題が発覚するまでは先進国では日本に次ぐGDP比一〇〇％超の水準にあった。一九九八年にユーロ加盟国が決まった際、インフレ率、財政赤字水準、為替レート、長期金利水準などが判断材料とされ、イタリアも何とかこのハードルをクリアして加盟第一陣に加わったが、状況はかなり綱渡りであった。特に財政赤字に関しては、一時的な増税で帳尻合わせをして、ユーロ加盟後に還付するという操作を行ったことも判明している。

慢性的な財政赤字体質にあったイタリアは、経済成長の面でも他の加盟国に後れを取った。ユーロ加盟後は一％前後の成長率に止まり、債務危機の過程では二〇一一年から三年連続のマイナス成長に陥るなど、構造改革が進まず、労働生産性、潜在成長率が低迷している状況で、政府は銀行問題になかなかメスを入れることが出来なかった。そして金融機関経営の低迷がさらに景気低迷感を生む、という悪循環に陥ったのである。資本システムが機能不全を起こした典型例だと言ってもいい。

不安定な政治とポピュリズム

イタリアには、政治的な不安定性という問題もあった。日本では平成元年（一九八九年）から現在に至るまで首相が一七回交代しているが、イタリアも一五回と互角の勝負をしている。特に一九九九年のユーロ加盟後も経済が安定せず、二〇一二年以降は債務危機に巻き込まれたこともあって、政局が一向に安定しない状況が続いている。

その過程でEUでは、金融機関の公的支援には投資家負担を必要とする、という新たなルールが策定されることになり、イタリア政府は処理のタイミングを逸してしまったのである。結局、前述したモンテ・デイ・パスキの支援は、機関投資家には負担を求めるが、個人投資家は救済するという中途半端な特例条件付きとなった。それでも、イタリアの銀行債権問題処理は長期化が不可避と見られている。

そして二〇一八年三月に行われた総選挙では、過半数の議席を獲得した政党がなく、中道左派や中道右派など従来の中軸政党は大敗を喫した。結局、第一党となった反体制派の「五つ星運動」と第二党に躍進した極右派の「同盟」が連携し、ポピュリズムを標榜する連立政権が誕生するに至っている。それは、再結束の為に構造改革を行おうとしているEUやユーロの将来像に、暗い影を投げかけている。

3　反EU・反ユーロの行方　ポピュリズムの影

ユーロを生んだドイツ統一

欧州が共同体へ向かう道は決して平坦ではなかった。第一次世界大戦後、平和を願って国際連盟に名を連ねたはずの欧州諸国は、想定されていた政治的な軌道を大きく外れ、いつのまにか第二次世界大戦へとなびいていったのである。

そして第二次世界大戦後、今度こそ過ちを繰り返すまいとして、敗戦国の西ドイツを含む主要六国が一九五一年に設立した「欧州石炭鉄鋼共同体」を皮切りに、今日のEUへと共同体意識が紡がれていく。そこに共通通貨への願いが込められていたのは周知の通りである。

欧州に共通通貨を導入しようと提言したのは、一九五九年から一九八四年までの期間に、二度にわたってルクセンブルグ首相を務めたピエール・ヴェルナー氏である。一九七〇年に公表された「ヴェルナー報告」において欧州六か国による通貨同盟の構想が描かれ、その夢が紆余曲折を経ながらも一九七九年の欧州通貨制度そして一九九九年のユーロ導入へと発展していったのだ。

ユーロの前身であるECU（エキュ、ヨーロッパ通貨単位）からユーロまでの距離は、近いようできわめて遠いものであった。前者はあくまで計算単位であり、後者は現実の社会で流通する通貨であるからだ。その深い溝を一気に埋めたのは、ドイツを取り巻く政治であった。

第二次世界大戦後、東西に分裂していたドイツを統一しようとする動きが強まったのは、ベルリンの壁が崩れた一九八九年である。翌年には東ドイツで西ドイツとの統合を支持する保守連合が勝利し、当事者である東西ドイツと米英仏ソが協議して「再統一」が合意されたのであった。

だが、そこで条件をつけたのが当時のミッテラン仏大統領である。東西再統一後のドイツが欧州最大の経済国になることは確実であり、ドイツの脅威に怯える日が来ないとも限らない。理想主義と現実主義の相克に悩まされ続けてきた欧州は、巨大化するドイツに対する制御ツールを持たねばならなかったのである。

その具体的手段は、ドイツを共通通貨に引き込むことであり、このアイデアには英国やソ連ももろ手を挙げて賛同した。ドイツにとって最強通貨のマルクを捨てることは断腸の思いであったはずである。だがドイツ再統一に政治生命をかけた当時のコール首相は、この提案を受けいれる方針を選択した。驚くことにドイツは、あえて弱くなる通貨を選んだのである。

日本のように、通貨が弱いと輸出が増えて景気がよくなり株高になる、と信じ込んでいる国にとって通貨安は歓迎されるが、ドイツでは「通貨安はインフレを招く好ましからざる現象だ」と捉えられることが多い。別の言い方をすれば、ドイツは強い通貨を好む国なのである。

そんな国がユーロを受けいれたのは、それだけ祖国再統一への願望が強かったことを意味していたのだと思われる。だが債務危機を契機に、ユーロに対する複雑な思いは一気に不安へ傾斜することになった。ドイツの人々の間には、まだ最強通貨であったマルクへの郷愁が完全には消えてはいないのである。

「寝耳に水」のギリシア危機

筆者が記憶する限り、ユーロ導入に対して「不完全通貨」との疑念を抱いていたのは主に英米の市場やエコノミストであり、欧州大陸ではドイツも含め、総じて歓迎ムードにあった。だがその好意的な空気は、ギリシア危機を契機に急速に変化することになる。同国を支援するために、EUとECBはIMFとともに巨額の財政支援を決定したが、その財政破綻の理由として、赤字隠蔽体質だけでなく、財政均衡に向けた慢性的な取組みの甘さも露呈したからである。

当時、ギリシア問題は日本でもくりかえし報道された。徴税システムは機能不全で取りもれが多発しており、国民の約四分の一が公務員という歳出たれ流し状態にあるのに加え、年金が五五歳から支給されるなど、他国に比べて財政規律が緩すぎることに対してEU内で批判が強まった。とりわけ支援負担が最も多いドイツで、ギリシアに対する不満が充満していったのは当然のことであった。

　前述したようにユーロは、加盟国に厳しい財政規律を求めることでＥＵ内にソブリン・デフォルトは起こらない、という想定で導入された通貨であった。それは投資家だけでなく一般国民にも共有された通念であり、ギリシア危機はまさに寝耳に水だったのである。

　そしてまずいことに、ギリシアは、支援条件として求められた財政収支改善計画をなかなか守ろうとしなかった。財政支出を抑制すれば、景気はますます悪化し、経済縮小が止まらなくなって社会不安が増大するのは確実だったからである。

　市場は徐々にギリシアのユーロ離脱は不可避との見方に傾き、ドイツの世論の中にも「ギリシアはユーロから出ていけ」といった過激な声が生まれていった。同時に、ドイツはユーロから離脱してマルクに戻るべき、あるいは、オランダなど北部地方を中心とした新たなユーロ圏を組成すべき、といった意見も散見されるようになる。

　こうした分裂症状を救ったのが、ＥＣＢのドラギ総裁であった。二〇一二年七月に「ユーロを守るためには何でもやる」と発言した同総裁は、投げ売り状態にあったギリシア国債を購入する方針を決定、市場の動揺を鎮静化させることに成功したのである。

　だが、ドイツは決してこの措置を歓迎はしなかった。中央銀行が財政支援を行うこと、ギリシア政府のモラルハザードを許容すること、脆弱な通貨構造の欠点を隠蔽してしまうことなど、さまざまな点において、ＥＣＢの市場対応とドイツの通貨意識は鋭く対立することになったのである。

ＥＣＢの大胆な決断によって市場の混乱は収束したが、社会に沈殿した不満は増幅することになる。それが反ＥＵ・反ユーロの政治的勢力として結集していくのは時間の問題であった。通貨問題に難民問題が加わり、二〇一三年にはドイツに新興政党「ドイツのための選択肢（ＡｆＤ）」が誕生し、反ＥＵを看板に掲げて勢力を伸ばしていった。同党は、二〇一七年の総選挙で議会の第三党にまで躍進することになったのである。

不完全性の下で生まれた深い溝

ユーロという共通通貨が欧州の資本システム機能強化に役立つためには、米国のすべての州でドルが利用されるような、あるいは日本のすべての都道府県で円があたりまえに利用されるような、政治的かつ社会的な統一性のもとで流通することが必要であった。だが、その意味では、ユーロは依然として不完全通貨と言わざるを得ない状況にある。

金融政策はフランクフルトに拠点を置くＥＣＢの下で統一されたが、政治的には各国に主権が残ったままである。金融立国としての知見に基づいてその脆弱性に気づき、政治的主権の剝奪を恐れた英国がユーロに参加しなかったのも当然であった。

その不完全性の下、ドイツではギリシア支援を嫌い、通貨安によってインフレが生じることを嫌う保守派が反ユーロ感情を抱く一方で、南欧諸国などはドイツが支援や財政支出に消極的なことや輸出促進のための通貨大幅下落が困難なことなどに不満を抱くという、深い溝が生まれた。

またＥＵ拡大に伴って東欧から移民が急増し、さらにシリアなど中東諸国からの移民も増えて、経済低迷に喘ぐＥＵ諸国は心の余裕も失っていく。移民や難民に雇用を奪われる、社会規律を乱される、といった不満を吸収するように、反ＥＵや反ユーロを掲げた政党が各国で相次いで立ち上がり、勢力を伸ばしていった。前述したドイツのＡｆＤだけでなく、英国にはＵＫＩＰ、イタリアには連立政権樹立に成功した五つ星運動や同盟など、反移民を旗幟鮮明とする政党が台頭し、共同体に背を向けて「自国第一主義」を掲げた政治闘争を始めたのである。

中でもフランスのＦＮ（国民戦線、二〇一八年六月ＲＮ（国民連合）に党名変更）は、国内だけでなく世界中に新たな欧州危機への懸念を広げていった。同党の成立は一九七二年であるが、創設者の三女であるマリーヌ・ル・ペン氏が新たな党首に就任した二〇一一年以降、その移民排斥や反ＥＵ主義に共鳴する人々が急増し、二〇一七年の大統領選挙では二〇〇二年の前党首に続いて決選投票に進み、新鋭マクロン氏に敗れはしたものの、得票率は三四％であった。

反ＥＵ、反ユーロの波は、南欧のイタリアだけでなく、オーストリアやオランダなど北部地域にも広がりを見せている。既にハンガリーやポーランドでは、堂々と反ＥＵ方針を掲げる政権が生まれており、共同体意識や共通通貨に対する脅威は強まるばかりである。景気が回復したとはいえ、こうした政治的・社会的な情勢は、欧州資本システムの基盤を大きく揺さぶる要因だと言ってよいだろう。

そして、このユーロを維持する命綱としてＥＣＢだけに依存している構造も、資本システムの脆弱性の象徴である。特に二〇一九年一〇月末に任期満了となるドラギ総裁の後継者として、本書執筆時点では、国債買い入れ策は財政ファイナンスにつながるとして、常に反対の論陣を張ってきたドイツ連邦銀行バイトマン総裁が有力候補の一人に挙げられているだけに、市場の反応が注目される。

4　ユーロ死守　ＥＣＢ防衛策の限界

立ちふさがったデフレ懸念

一六九四年に設立されたイングランド銀行(英中銀)に代表されるように、中央銀行は、そもそも国家財政を助けるために作られた機関であり、二一世紀に至ってもその性格は完全には消えていない、と見るべきだろう。確かに、日銀を含む各国中央銀行の主要な使命は物価の安定に置かれ、ＦＲＢには雇用の最大化も課され、同時に銀行システムの安定化も重要な責務とされているが、金融危機以降は、それらの延長線上として、財政支援に近い仕事を請け負ってきたのも事実である。

現在、先進国の中央銀行は、政治的に独立した公的機関という法的位置づけを与えられているが、実際には政府に帰属した準政府機関となっていることは否定し難い。日銀総裁は首相指名の後、国会で同意を得る必要があり、FRB議長も大統領の指名を受けた後に上院で承認される必要がある。政府と無縁ではないのだ。それどころか、日本では金融政策決定会合に政府の代理人が出席し、意見を述べ議案を提出し、かつ議決に口出しする権限(議決延期請求権)まで与えられているのである。

それに比べれば、ECBは最も政治から遠い中央銀行と言えるかもしれない。その総裁も、EU経済・財務相理事会の勧告に基づいて加盟国政府の合意によって任命されることから、政治的にまったく中立とは言えないが、少なくとも特定国の政治に従属することはない。日米のように、任期途中で醜い政治的圧力を受けて事実上の辞任を迫られたケースも、まだない。

ECBは設立以来、オランダ(ドイセンベルグ氏)、フランス(トリシェ氏)、イタリア(ドラギ氏)からそれぞれ総裁が選ばれているが、一国の政治的要請を受けたり、特定の政治家に忖度して金融政策を決定したりするようなケースは見られない。

そうした独特の中央銀行スタイルの下、前述したようにドラギ総裁が「ユーロ死守」を掲げてギリシアなど南欧諸国の国債買い入れに出動したのも、特定国からの圧力を受けたものではなかったのである。同総裁は純粋に、ユーロから離脱する国が出ないように、市場がユーロ崩壊への邪推を抱かないように、と行動したと見なされている。その判断は、むしろ政治家にユーロ防衛への取り組みを促す意思表示であったようにも見える。

その結果としてギリシア国債の利回りは急低下し、スペインやイタリアの長期金利上昇にも歯止めがかかった。そしてユーロへの売り圧力も減衰し、ようやくユーロ圏の政治経済的な安定が期待されるようになる。

だが、ＥＣＢにはデフレ懸念という新たな課題が立ちふさがった。その対応策としてＥＣＢは、銀行預金にマイナス金利を適用するという大胆な政策を導入しながら、日銀や英中銀、ＦＲＢなどに追随して、国債買い入れによる量的緩和をも開始した。まさに「何でもやる」型の金融政策を遂行したのであるが、それがすべてうまく行っているとは言い難いところがある。

マイナス金利時代の幕開け

常識的に言って、金利の最低値はゼロである。金利がマイナスであるということは、貸し手が金利を払い、借り手が利息を得るという鏡の中の世界のような取引になってしまうからだ。そんなマイナス金利を現実的に「発明」したのはスイスであった。

一九七〇年代、投機的な思惑からスイスフランが急騰したため、スイス中銀が為替取引を制限するために非居住者の預金にマイナス金利を適用することにしたのである。つまり、スイスフランを買ってもそれを預金口座に入れておくと目減りしてしまうため、スイスフランを買う動機がなくなる、ということである。

二一世紀に入ってマイナス金利を復活させたのがスウェーデンであった。世界最古の中央銀行でもあるスウェーデン中銀は、二〇〇九年七月に銀行の超過準備(民間銀行が中央銀行における当座預金のうち、必要最低額を上回る預金)に対して、マイナス〇・二五%の金利を適用すると発表した。ただしそれは、政策金利に連動する自動的な引き下げであり、同国には超過準備がほとんどゼロであったことから、金融システムに与える影響は皆無と見なされた。

むしろ市場が驚いたのは、ドイツ国債の流通市場で発生したマイナス金利であった。金融危機の最中に米国短期債がパニック的に一時的なマイナス金利となったことはあったが、流通市場で恒常的にマイナス金利が定着したのはドイツが初めてであり、二〇一二年一月には同国六か月国債の発行市場で初のマイナス金利を記録している。

それは、ユーロ圏からギリシアなどが離脱し、共通通貨はいずれ崩壊して、最強通貨のマルクが復活するかもしれない、といった思惑のなせる業であった。国債で多少の損失が出ても、通貨の値上がりでお釣りがくる、と考えた投機筋が同国債に殺到したため、マイナス金利が発生したのである。そうした投機的取引は、スイスやオランダ、フィンランド、フランス、オーストリア、デンマークといった国々にも波及した。

そして二〇一二年七月には、デンマーク中銀が、スウェーデン中銀に続いて銀行の超過準備に対してマイナス〇・二%を適用し始める。これは明らかに通貨高抑制を意識したものであり、同国では超過準備がかなりの額に上っていたため、銀行界には実際に損失が生じることとなった。銀行は貸出金利の引き上げや顧客の当座預金へのマイナス金利適用などの対応策に追われることになった。まさにマイナス金利時代の幕開けである。

そして二〇一四年六月には、ＥＣＢが所要準備を超える超過準備や預金ファシリティに対してマイナス金利を導入する。それはスイスやデンマークの場合と違って、通貨高抑制ではなく、デフレ回避を目的とする政策であった。銀行の余剰資金をＥＣＢから民間に還流させ、貸出増を通じて景気を拡大させ、インフレ率を引き上げようとするのが狙いである。ＥＣＢのマイナス金利とは、言い換えれば、景気を支えるインフラである資本システムに刺激を与え、麻痺している信用機能を覚醒させようとした劇薬であった。

「ブタ積み」される資金

だが民間銀行は、いくらマイナス金利を適用されても、他に有利な資金の行く先を見つけられなければ、中央銀行に準備金として積むしか方法がない。法的に定められた金額以上に中央銀行に置かれた資金は、日本では花札用語を使って「ブタ積み」と呼ばれているが、景気の先行きに明るさが見えなかったユーロ圏でも、優良な貸出先の発掘に苦労する銀行の「ブタ積み」は増える一方となったのである。

ユーロ圏の金融政策は超緩和的であったが、財政政策はきわめて厳しい情勢にあった。ドイツを中心に、南欧諸国の放漫な財政状態に対する批判が厳しく、ユーロを守るには厳しい財政規律が重要との判断を、ＥＵも支持していたからだ。これが景気回復への強い逆風となっていた。Ｅ

ＣＢの量的緩和策によって民間銀行に投入された資金がその「ブタ積み」を増幅し、マイナス金利による損失が拡大するという悪循環も見られるようになったのである。

デフレ・スパイラルを懸念するＥＣＢがマイナス金利幅を〇・四％にまで拡大したため、欧州の銀行は防衛策として、機関投資家などに対して、一定金額以上の残高にマイナス金利を適用する決断を下さざるを得なくなった。

ただし、ユーロ圏にも徐々に順風が吹き始める。マイナス金利を嫌った投機筋はユーロ売りを選好し、二〇一四年には一・四〇ドル近辺にあったユーロは、二〇一六年末には一・〇四ドル台にまで約二五％も減価した。その間、主要な貿易相手国である中国や米国の経済は順調に拡大して、輸出主導の経済拡張が始まったのである。

また債務不安に陥ったアイルランドやスペインの景気が急回復し、ギリシアに対しても二〇一五年八月にＥＵが三度目となる大型財政支援を決定するなど信用不安が薄れて、ユーロ圏から流出していた海外資本が域内に戻り始めた。

こうした景気回復基調の中で、ドイツが厳しい財政規律への姿勢をやや緩和したこともあり、ユーロ圏内に安堵感が染み渡るようになる。個人消費も力強さを見せ始めて内需が大きく盛り返し、株価の堅調さも手伝って企業は徐々に設備投資に注力するという、きわめてバランスの取れた成長構造が見え始めてきたのである。ＥＣＢは量的緩和とマイナス金利のうち、前者に関しては二〇一八年末に停止する方向へと舵を切った。

だがこのＥＣＢの積極的な対応が、はたして欧州の資本システム健全化のために寄与したのかどうかは、疑わしい点もある。特にマイナス金利に関しては、ＥＣＢが狙った信用拡大への直接的効果は薄かったと言わざるを得ない。銀行がＥＣＢの狙い通りに動いた形跡はなく、むしろ実体経済に対しては、ユーロ安という伝統的な通貨安効果の方が大きかったように思われる。

本質的な資本システム増強という面がやや軽視されて、ＥＣＢが「ユーロ死守」という目先の通貨防衛とユーロ安という近隣窮乏策を重視せざるを得なかったのは、欧州の政治家が、財政政策や金融システムを含む実質的な共同体へ向かう選択肢を採ろうとしなかったからである。結果的にユーロ圏の景気は回復したが、ユーロという通貨の構造は脆弱なまま取り残されている。

通貨は資本システムの基盤を形成する土台であり、ユーロが盤石な体制を形成し得ない限り、ユーロ圏、ひいてはＥＵ全体の持続的な安定成長は望めないだろう。たとえば、ギリシアは支援プログラムからは脱却したが、その高水準の債務問題解消にはまだ相当の時間がかかるだろう。イタリアの反ユーロ運動が鮮明になるのは、おそらくこれからである。各国にくすぶる反ユーロ感情をなかなか鎮火できないままでは、長期的にユーロは存続しうる通貨なのか、といった疑念を消すことは難しい。

「政治的通貨」の限界

ユーロの構造的問題は、金融政策は一本化したものの財政政策は加盟国の専管事項であり、また銀行預金保証制度が共通化されていない、という点に集約される。その調整はなかなか進みそうにない。

またユーロ圏は財政規律ルールの下で罰則規定を導入しているが、過去を振り返っても「特例扱い」だらけであり、通貨安定のための歯止めにはなっていない。金融システム問題に関しては、ようやく銀行破綻ルールの規格化など「銀行同盟」への施策が進み始めたが、預金者保護のためのルール作りに関しては、ドイツのような債権国とギリシアのような債務国の間に温度差が残っており、議論は収束していない。

こうした脆弱性は一九九九年の共通通貨導入時に既に指摘されており、ユーロが「政治的通貨」に止まっていることの弱点は、二〇一二年にギリシア債務問題が発覚するまで水面下に隠れていたに過ぎなかったのだ。ＥＣＢの奮闘によって景気回復が実現した現時点でも、その構造問題は解消していない。むしろ欧州は、ＥＣＢの過大な市場介入に安堵した政治が、ユーロという資本システムの土台の腐食を放置してしまった、と言えるのではないだろうか。

一つの明るい材料は、二〇一七年五月のフランス大統領選挙でユーロ圏の構造改革を訴えるマクロン氏が勝利したことであった。これでようやくドイツとフランスという主軸の二大国が牽引し、結束力が生まれると思われたからである。

だが同年九月のドイツ連邦議会選挙でメルケル首相は予想以上に支持を失い、指導力の大幅低下を余儀なくされた。同首相は大連立で何とか四期目の政権樹立に成功したが、難民問題では内外での統率力を失っており、「メルケル時代の終わりの始まり」ともささやかれている。

EUの事実上の首領であった同首相の存在感の低下は、EUないしユーロ圏という共同体の再建見通しが大きく後退したことを意味している。そこに、イタリアにおいて反EU的なポピュリズム政権が生まれたことの意味は小さくない。

市場にユーロ危機への懸念が再浮上するのは時間の問題だろう。それが南欧諸国の離脱につながるのか、一九九九年以前の通貨体制に逆戻りしてしまうのか、あるいは欧州ならではの英知で解決策を見出すことができるのか、現時点で予測することは難しい。ただ、ギリシア支援プログラムの終了でユーロ危機は封じ込められた、と判断できないことだけは、確かなように思われる。

第4章 安定性を失う米国
——傷つけられるドルの信認

国連総会の一般討論で演説し、「米国第一主義」の正当性を訴えるトランプ米大統領（2018年9月25日、ニューヨーク、ロイター＝共同）

1　放置された「資本システム再暴走」の病巣

起源は英国マーチャントバンク

米国が、一九世紀後半以降の急速な経済発展を背景に、その金融と資本の双方のシステムを形成してきたルーツをたどれば、英国のマーチャントバンクに行き着く。マーチャントバンクは、貿易手形や証券の引き受け、融資だけでなく、資産の運用や管理から企業買収まで幅広い金融関連業務を行って、ロンドンを国際金融センターに仕立てていった。米国の金融機関とニューヨークはそのビジネス手法を受け継いで発展してきたのであり、ロンドンとニューヨークが国際金融の二大都市であることは、決して偶然ではない。

その英国マーチャントバンクも、起源をたどれば欧州大陸の金融機関が祖先である。イタリアやオランダ、ドイツなどで力を蓄えた貿易商人が一九世紀に英国に渡り、ウォーバーグやロスチャイルド、ベアリングといったマーチャントバンクに発展して「金融商人」から「金融機関」へと変身していったのである。

米国では一九二九年以降の大恐慌を契機として、金融機関は預金・貸付業務を行う商業銀行と、証券引き受けや企業仲介を行う投資銀行とに分離することになった。だが日欧などとの金融競争が激化する中でその規制は徐々に緩和され、一九九八年のシティコープとトラベラーズの合併を皮切りに、米国の大手金融機関は再編を加速化して「ワン・ストップ・ショッピング」への傾斜が強まっていった。

一九八〇年代には一〇行ほどあった米国のマネーセンターバンク（いわゆる大手米銀）は、二〇〇一年には三行にまで集約されるが、その過程でかれらは投資銀行業務にも乗り出し、専業の投資銀行であったゴールドマン・サックスなども商業銀行業務に進出するなど、両者の垣根は事実上崩壊していった。一九九九年には、法的にも両者を分離する規制が消えることになった。その後はグローバリゼーションの波にも乗り、世界中に米銀を中心とした資本システムが配置されることになる。

発展する金融技術とその破綻

米国流の資本システムの強靭さは、そのオペレーション・システム（OS）ともいうべきドルの世界通貨的な位置づけや、商品には必ず公正価値があるという合理的思考、計算しうるリスクを積極的に受け入れるチャレンジ精神、市場が形成する客観的な価格情報への絶対的な信頼感、そして、資本の飽くなき再拡大こそが社会発展への原動力だという一種の信仰心などによって支えられてきた。

米国市場は「資金を資本化する」だけでなく、その資本の安全性を補強するために、さまざまな装置を作り上げていくことにも成功した。金融派生商品と呼ばれるスワップやオプションの開発である。

こうしたヘッジ機能は、為替市場や株式市場、そして債券市場に至るまでフルカバーされ、資金が安心して資本に転身するためのセーフティ・ネットとなったのである。そうした技術力導入の中で、経済学に高度な数学が用いられ始めたのと同様に、資本システムにも難解な数学が利用されるようになった。

二〇〇八年九月に起きたリーマン・ショックを通じて、そうした金融技術の発展が、一転して米国の金融システムと資本システムとを危機にさらすことになったのは、実に皮肉なことであった。当時、米銀全盛の時代が遂に終わった、との印象を抱いた人も少なくなかった。ＲｏＥが二〇％以上といった、飛ぶ鳥をも射落とすような勢いは消え、欧州や中国からは「ドルの終焉」といった声まで上がるようになった。

資本システムの異様な心拍数

危機対応として米国は、巨額の公的資金を投入するのと同時に「ドッド・フランク法」と呼ばれる金融規制強化法を導入し、金融機関経営力の健全性を高めることに大いなるエネルギーを注いできた。自己資本比率を高め、自己売買の枠に制限を設け、業績連動のボーナス制度を修正させ、経営危機の際には株主や債権者の負担で対応し、万が一に備えて「Living Will」と呼ばれる一種の遺言書を準備させて破綻シナリオに備える、といった一連の制度設計を通じ、金融機能の補強を図ってきたのである。

確かにそれは、血流を円滑にするための金融システム強化にはつながったが、不整脈を起こしやすい資本システムの修正や補強に至るものではなかった。そもそも二〇〇七年のサブプライム・ローン問題の暴発や二〇〇八年のリーマン・ブラザーズの破綻をもたらしたのは、金融システムというよりも資本システムの問題であったのだ。

サブプライム・ローンは、高格付けで高利回りという、常識ではありえない錬金術のような運用商品が「金融技術の発展のおかげで誕生した」との錯覚が、世界に蔓延して発生したものである。それは、資本が流れる金融システムではなく、資金が資本へと転換される資本システムに潜む病原体であった。資本システムが発する異様な心拍数が頻脈を生み、金融システムに流れる資本量を急激に膨張させた、と言っていい。

その資本速度の高まりが経済を過熱させ、市場はそれが「新しい健康体」だと誤認するようになった。金融機関は、その新たな構造の下でより高いリスクを取ろうとする。それは資本システムの宿命であり、二〇〇七年当時シティグループのプリンスＣＥＯが述べた「音楽が流れている間は踊り続けていなければならない」という言葉は、そのシステムにおける脆弱性を明確に言い表したものであった。

そして、リーマン・ブラザーズも同じであった。同社は証券化商品に加えて、不動産への投資にも大きく傾斜していたが、それは、いつでもいくらでも低利で資金は調達できる、という当時の資本システムにあぐらをかいていたのである。だが、サブプライム問題の表面化を契機にマネー市場は疑心暗鬼となり、資本システムの鼓動が突然停止してしまったのだ。

メディアや経済学者は、こうした現象を「バブル崩壊」という言葉で安易に片づけることが多い。だがそれでは、金融システムと資本システムの違いを軽視することになる。そうではなく、いわば心臓で起きる不整脈のような「資本システム異常」として、この経済症状を診断せねばならなかったのである。

金融システムは復活したが

確かに米国の金融システムは、危機発生から一〇年も経過しない間に、公的支援から脱して自立性を取り戻し、収益力は回復、自己資本も大幅に強化して、再び世界の金融をリードする立場に復活してきた。米国では二〇〇八年にＴＡＲＰ(Troubled Asset Relief Program)と呼ばれる公的支援制度の下で七〇〇〇億ドルの公的資金が準備され、銀行などに約四三〇〇億ドルが投入されたが、二〇一四年にはすべての資金が回収されている。

ちなみに日本における不良債権処理時代には、一九九九年にすべての都市銀行や長期信用銀行が公的支援を受けることになり、多くの銀行は注入された資本を返済して自立回復しているが、りそなホールディングスとあおぞら銀行が公的資金を完済したのは二〇一五年のことであった。新生銀行にはまだ公的資金の残高が残っている。そして、日本の金融機関の世界的な存在感は薄れたままである。彼我の差はあまりにも鮮明だ。

では金融システムを復活させた米国は、その資本システムに対して十分な処方箋を書いたのだろうか。まず指摘しうるのは、米国が健全化を目指した対象は「金融システムに関わる銀行の経営」であって、「資本システム」ではなかったことである。もう少し好意的にとらえれば、金融システムを健全化すれば必然的に資本システムは改善される、と考えたといえるかもしれないし、より辛辣な立場に立てば、金融システムと資本システムを混同し続けている、というべきかもしれない。

第2章で述べた通り、資本システムの当事者には、規制の厳しい「商業銀行(バンク)」と規制の緩やかな「非銀行(ノンバンク)」があり、後者には投資銀行やミューチュアル・ファンド、ヘッジファンド、PEファンド、ソブリン・ウェルスファンドといった金融の猛者が控えている。ファンド勢などが行う金融取引が、規制の網が掛かった「バンキング」と区分される、規制が届きにくい「シャドー・バンキング」である。

ノンバンクは管理の網の外

二〇〇七〜〇八年における金融危機の温床となったのは、シャドー・バンキングが暗躍し、その熱狂にバンキングが乗った資本システムであった。具体的には、投資銀行というノンバンクが、証券化市場というシャドー・バンキングを使って荒稼ぎしようとしたのが危機の主因であり、バンクもまたそれに乗じて一稼ぎしようとした、というのが基本構造であった。

だが米国政府が網を掛けたのは既に規制されていたバンクであり、ノンバンクに対しては管理の甘さが残ったままとなっている。それは、資本システムに胚胎する病巣を放置したに等しい処置である。

米国は、証券化市場のありかたに関しては確かに見直しを行った。たとえば、オリジネーターと呼ばれる住宅ローンの提供者に、証券化商品の中で最もリスクの高い部分の一部を保有させ、投資家に不利な商品設計とならぬような規制を導入した。

また、大規模な運用資産を擁するファンドに対しては、その取引内容を一定の頻度で当局に報告させる手続きも導入した。これによって、シャドー・バンキングの透明化が一歩進んだことも事実である。

だが、利益の最大化だけを求めてさまざまな運用商品を作り出したり、レバレッジを高めてリスクの高い運用を行ったりする「資本システムの再暴走化」に対して、実は何の歯止めもないままでのあったことは、二〇一八年二月の株価急落が証明して見せたと言っていいだろう。

2　金融緩和策の副作用

「マネーのばらまき」が生んだ無防備な楽観ムード

二〇〇八年秋に米議会が金融機関などに対する公的資金投入を決定した頃、FRBも政策金利をゼロに引き下げるとともに、市場対策として買い手のつかなくなったモーゲージ債（住宅ローン担保債）を買い入れることを決定した。それは、資本システムが決壊して価格水準の設定ができなくなったことに対する公的介入という、新たな局面を作り出した。民間の機能不全に対して、公的機関が代役として暫定的に価格決定の機能を担った、という意味でもあった。

同時にFRBは国債の買い入れも行い、新規マネーを市場に投入することで国債利回り自体にも影響力を発揮し始めることになる。その人為的な「金利下押し政策」は、暴落していた株式市場にも歯止めをかけることになり、ダウやS&P500などの株価指数は、二〇〇九年三月に大底を打つことになったのである。

当時のFRB議長であったバーナンキ氏は、理事だった時代に、以前フリードマン教授が「ヘリコプターからおカネをばらまけばインフレになる」と述べたことに言及している。同氏は、日本のデフレに対して、おカネをばらまく政策の有用性を説いたこともあるため、その施策も「ヘリコプター・マネー」の一種の金融政策として捉えられることになった。

ＦＲＢは、その後二度、三度と量的緩和の拡大を迫られたことから「マネーのばらまき」という批判を受けることになる。そしてその量的緩和策は、副作用として、投資家に「ＦＲＢは市場の味方だ」という甘い観念をあらためて植えつけることとなった。何か市場に異変が起きればＦＲＢが金融緩和で助けてくれる、という強い依存心である。

ＦＲＢは「金融緩和の目的は市場支援ではない」との姿勢を貫きながらも、現代経済において資本市場が実体経済に多大な影響を及ぼすことは十分認識済みであり、株価や不動産の急落が経済を縮小させるリスクを取ることはできなかった。

米国では、保有資産価値の上昇が家計の消費意欲を高める「資産効果」が強くあらわれることで知られている。賃金が上昇しなくても、資産効果によって消費心理が刺激され、カード・ローンなどを利用して消費するのである。それは貯蓄率の低下を意味するが、株高や不動産の値上がりが続く中では、それがあたりまえの消費行動と見なされるのが米国の特徴でもある。

ＦＲＢが、デフレへの警戒感に加えて、リスク資産の下落防止といった観点からも金融緩和姿勢を捨てられなかったことにより、市場に「無防備な楽観ムード」を醸成してしまったことは否定できない。

リーマン・ショックの導火線となったＦＲＢの金融緩和策

ＦＲＢの責務として市場の混乱を最小限に食い止めようとしたのは、バーナンキ議長が初めてではない。一九八七年のブラックマンデーに対して、当時のグリーンスパン議長が、株価急落が他の市場や実体経済に波及することを防ぐために、大量の流動性供給を行ったことをもって「市場対策の金融緩和」の嚆矢とするのが定説となっている。

前任のボルカー議長は、景気後退のリスクを認識しつつも物価上昇を抑制するために、あえて高金利政策を敢行して「インフレ・ファイター」として名を馳せたが、グリーンスパン議長は「市場との対話」を重視し、適度のリスク・テイクや金融派生商品の柔軟な応用を経済成長に必須なものと認識し、市場の急変に対しては臨機応変に対応した。

一九八七年のブラックマンデー以降、一九九〇年代にはメキシコ危機、アジア金融危機、ロシア危機、ブラジル危機など外部からの波乱要因が毎年のように発生したが、ＦＲＢは巧みな金利政策で乗り切り、一九九九〜二〇〇〇年のドットコム・バブルが破裂した際にも、二〇〇〇年末には六・五％の水準にあった政策金利を二〇〇一年末には一気に一・七五％にまで引き下げ、９・11同時多発テロ事件の影響も重なって同年に到来した景気後退を約八か月で終了させたのである。結局、二〇〇三年には政策金利が一・〇％にまで引き下げられて、米国経済は力強い成長プロセスへと転じていった。

だが、その際の長期にわたる金融緩和政策が、後のサブプライム・ローン危機やリーマン・ブラザーズ破綻への導火線になったのである。資本市場の活性化を重視する当時のグリーンスパン流の経済哲学が、金融機関や投資家に「市場に優しいＦＲＢ」との印象を与えたのは事実であろう。ＦＲＢは市場から「救世主」と見なされるようになったのである。

その後米国で発生した不動産市況の活況、サブプライム・ローンの増大、金融機関のレバレッジ拡大といったバブル的な要素は、金融の元締めであるＦＲＢから生まれた、といっても過言ではない。それは、一九八〇年代の日本のバブルが、円高を警戒して緩和的な姿勢を続けた日銀の政策方針と密接に結びついていた構造を彷彿させる。

期間無限定のマネー供給

グリーンスパン時代における負の遺産としてのサブプライム・ローン問題に直面した後任のバーナンキ議長は、二〇〇七年秋にＥＣＢにやや遅れて流動性供給を行い、前任者と同様に、混乱気味の市場の動揺を早期に鎮静化しようとした。

その策は、ブラックマンデー同様に奏功したように思われた。二〇〇七年の米国ダウの推移をみると七月に一万四〇〇〇ドルの高値を付けた後、サブプライム・ローン不安によって一時一万二五〇〇ドルを割り込む場面もあったが、ＦＲＢの支援策が加わって相場は急反発し、一〇月には再び一万四〇〇〇ドルを超えて史上最高値を更新したからである。まさに「救世主」が再び市場に舞い降りた、と投資家が実感した瞬間でもあった。

だが、事態は徐々に暗転し始める。サブプライム・ローン問題は金融当局が想定していたよりも深刻との見方が市場に広がり、二〇〇七年末から二〇〇八年四月頃まで何とか一万三〇〇〇ドルを維持していたダウは五月以降に下げ足を早め、六月には一万二〇〇〇ドルを割り込み、リーマン・ブラザーズ破綻の報を受けて一〇月には一気に一万ドルの大台を突き抜け、一一月には八〇〇〇ドルを割り込むことになった。投資家は、今まで体験したことのない底割れへの恐怖感に支配されるに至ったのである。

米国政府は銀行などへの公的資金投入、ＦＲＢはゼロ金利や市場への流動性供給に加えてモーゲージ債や国債の買い入れを行ったが、ダウは容易に下げ止まらなかった。二〇〇九年三月に六四〇〇ドルの安値を付けて、そこでなんとか底打ちした。市場は資産買い入れというＦＲＢの「量的緩和」の意味をようやく理解し始めたのであった。

ＦＲＢが市場の混乱を防ごうとしたこと自体に問題があるわけではないが、投資家心理としては「ＦＲＢは常に自分たちの味方だ」という思いを強めてしまう。ブラックマンデーやドットコム・バブル破裂の頃に行われた流動性供給は、一定のオペ期間を対象とする期間限定の資金放出であったが、リーマン・ショック後の量的緩和は、国債購入という期間無限定のおカネの提供であり、その政策の大きな飛躍を投資家は歓迎したのである。

消えない投資家の楽観

ＦＲＢは二〇一三年以降、量的緩和の停止、利上げ、そして保有債券の再投資停止へと舵を切っているが、投資家の「ＦＲＢは市場の味方」という認識はなかなか消えない。失業率が三％台にまで低下し、ＧＤＰが潜在成長率を上回るペースで拡大している中でも長期金利が急上昇する気配は見えず、株式市場は二〇一七年以降、何度も最高値更新を繰り返している。

投資家の楽観を示す指標は、株価指数だけではなかった。Ｓ＆Ｐ500のオプション取引の変動率（ボラティリティ）をベースに算出される、巷間「恐怖指数」とも呼ばれているＶＩＸは歴史的にも稀な水準へと低下したまま、ほとんど上昇気配を見せなくなった。変動率が上昇しないと見る投機家や投資家がそのオプションを売ってプレミアムを稼いでいることも、その現象の一因であった。

こうしたユーフォリアの醸成にＦＲＢが一役買ったことはまちがいない。景気がいいのに金利がさほど上がらないとなれば、株価が安定的に上昇するというシナリオを描きやすくなるからである。

バーナンキ議長の後継者として二〇一四年に就任したイエレン議長も、金利正常化の思惑の中で、市場が揺れるたびに利上げを先送りせざるを得なくなった。最終的に軌道修正には見事な手腕を発揮したが、この株式市場の慢性的な楽観をいさめることには成功しなかった、と言えよう。

そのツケが回ったのが、二〇一八年二月に米国株式市場を襲った「ボラティリティ・ショック」であった。

企業業績見通しが明るいのであれば、株価が上昇を続けるのは決してバブルではない、との見方もある。米国企業にとって、金利上昇ペースが遅く、ドル安基調の下で日欧の先進国だけでなく中国など新興国の需要も力強い中にあっては、確かに利益見通しは悪くない。加えてトランプ政権が主導した法人税減税やインフラ投資など、プラス要因にも恵まれている。

だが株価上昇は無期限ではなく、過去のケース・スタディから見た一定の天井感はある。著名な尺度としては、ノーベル経済学賞の受賞者でもあるイェール大学のロバート・シラー教授が開発したＣＡＰＥ(Cyclically Adjusted Price Earnings Ratio)という指標がある。

これは株式市場でよく利用されるＰＥＲ(株価収益率：Price Earnings Ratio)、つまり株価を一株当たり利益で割った指数の応用編である。シラー教授は、企業の利益を、単年度でなく過去一〇年間の平均値をインフレ調整した数値を用いて、一八七一年まで遡ってＰＥＲを計算し直したのである。

このＣＡＰＥの推移をみると、一九二九年と一九九九年にピークが到来していたことがわかる。そして二〇一八年一月時点のＣＡＰＥの値は三三・三一と、一九二九年九月の三二・五六の水準に匹敵し、一九九九年一二月の過去最高値四四・二〇にヒタヒタと迫りつつあった。そして二月に入ると突然のように「恐怖指数」が牙を剝き、ダウは一気に一〇％下落して調整局面に入ることになる。それは、米国資本システムの「学習効果のなさ」を露呈するものとなった。

奪われた債券市場の「警告機能」

資本システムの一部である債券市場にもダメージが生じている。市場自身が築き上げてきた「プライシング力」を放棄し、FRBの方針に身を委ねることになったからである。プライシング力とは、あるリスクに対してどの程度のプレミアムを支払うべきか、という想像力のことだ。たとえば、ある企業に融資したりその社債に投資したりする際に、どれほどの利回りが正当化されるのか、という信用リスクに対するプライシングは、その代表例である。また、国債は信用リスクがない「リスクフリーの資産」と呼ばれるが、二年債と一〇年債に対する利回りの要求度は異なる。不確定要素は一〇年債の方が大きいので、その分プレミアムが上乗せされるのもプライシングの一つである。

超金融緩和政策導入の過程で、FRBはそのシステムの主導権を握り、リスクに対するプレミアム水準までも支配下に置いたのである。それが結果的に株式市場のユーフォリアを生むことになる。そして債券市場に本来備わっていた「警告機能」までも奪ってしまったのである。

債券市場の警告機能とは、発行体の財務状況の悪化を利回り上昇を通じて投資家に知らせ、発行体に財務体質の改善を迫るものである。国債の場合には、政府の財政赤字や累積的な公的債務水準に対する警告になる。財政赤字に歯止めがかからなくなると、債券利回りが上昇し、調達コストが急上昇するからだ。それは、いわば資本システムにおける健全化機能に相当する。

その機能が存分に発揮されたのが一九九〇年代の米国債市場であった。米国では、一九八〇年代から財政赤字と経常赤字の「双子の赤字」問題が懸念され、ドル売りや米国債売りが誘発されやすい状況にあったが、その市場環境は一九九〇年代にも受け継がれていく。中南米や東欧、アジア、そして第3章で述べた欧州における債務危機などにおいて、財政赤字拡大はそのまま金利上昇という警戒警報につながったのである。

ＦＲＢが国債を大量に購入して中長期金利を抑制するということは、そのブレーキ機能を取り外すことでもある。その前例は、第二次世界大戦中の米国財政政策にあった。戦費調達のために国債を大量に発行する際、債券利回りが上昇すれば財政負担はさらに悪化する。そのため、財務省は国債利回りの天井を二・五％に設定し、ＦＲＢはその水準を超えないように国債買い入れで協力したのである。もっとも、それは戦争という非常事態における特殊な対応であった。

だが平常時にこうした金利抑制策が普遍化すれば、政府の気の緩みを誘発することになりかねない。どんなに赤字をたれ流しても、中央銀行が債務を支えるので金利は上昇しないとなれば、財政のモラルハザードを招くからだ。これはまさに現代の日本が抱えている問題でもあるが、日本に関しては次章であらためて考察することにしよう。

財政赤字への市場感覚の麻痺

金融危機対応として、バーナンキ議長時代に展開されたFRBによる大量国債買い入れは、当初はインフレを招くとの批判が強かったが、実際には物価上昇ではなく、財政赤字への警戒感を希薄化する、という結果をもたらした。それは投資家に過度の慢心をもたらし、資本システムに再暴走リスクを植えつけ始めている。

財政赤字に対する市場感覚の麻痺は、二〇一七年に顕著に表れた。トランプ大統領が就任して大型減税や大規模なインフラ投資の方針を表明しても、債券市場は何の反応も見せず、むしろインフレ率低迷は長期化するとの見方から、長期金利は低水準を保ったのである。一九八〇年代や一九九〇年代であれば、こうした財政赤字拡大が不可避となる政策表明は、おそらく一時的にせよ長期金利の大幅上昇をもたらしたことだろう。

投資家らがトランプ大統領の大胆な景気刺激策の実現性を疑っていた、という側面があったにしても、経済メディアにさえも財政赤字拡大リスクに対する懸念がほとんど報じられることがなかったのは事実であり、まさに債券市場の警告機能の消滅を象徴する出来事であった、と言える。

米議会において、二〇一七年末に成立した法人減税や所得税の税率簡素化・低率化などを含む税制改革法案は、一〇年間で一・五兆ドルの赤字を生み出すと予想されている。財務省は一〇年間平均で二・九％の経済成長というバラ色のシナリオを描き、一・八兆ドルの追加歳入が見込めるとの試算を公表したが、エコノミストも投資家もその青写真をほとんど信用していない。議会予算局は、財務省の試算とは正反対に、米国財政が大幅に悪化すると警鐘を鳴らしている。

にもかかわらず、長期金利はほとんど動かなかった。資本システムは、財政赤字に対する自己のプライシング・メカニズムを失ってしまったのである。

米国がギリシア並みの借金大国になる日

米議会が二年間の歳出上限引き上げ法案を可決したこともあり、米国財政赤字問題は今後頻繁にメディアに登場することになるだろう。議会予算局は、二〇二〇年会計年度の財政赤字が一兆ドルを超え、二〇二二年までにGDP比五・一％に達するとの試算を示している。二〇世紀以降の推移で見れば、これは戦時中や景気後退期にしか見られなかった水準である。金融危機が発生した二〇〇八〜〇九年時には、GDP比一〇％程度まで赤字幅が拡大したが、平時でGDP比五％を超えるような時期は見当たらない。それは、米国が、日本、ギリシア、イタリアなどと並ぶ借金大国へと転落していく軌跡を示唆している。

低金利政策が景気回復に役立っていることは否定しないが、結果的におカネを債券市場から排除して株式などリスク資産に向かわせ、バブル・ムードを醸成することになったのは、前述したとおりである。

そして人為的な超低金利は、家計の債務増という「いつか来た道」を作り出している。賃金がなかなか上昇しない中で、自動車ローンなどの金利が低水準であることは、家計の救いである。アマゾンなどネット通販の普及で日常の買い物もきわめて便利になった。貯蓄切り崩しで足りない人々はカード・ローンの利用が増える。

結果として、米国内ではサブプライム自動車ローンやカード・ローンの残高が急増し、金融機関には徐々に引当金の負担が重くなりつつある。家計の貯蓄率が二〇〇五年九月以来の低水準に落ち込むなど、米国経済は金融危機前と同じ構造に戻り始めているのである。そして金利上昇期を迎えたいま、債務を抱える家計は再びその負担増に直面しつつあるように見える。

3　暴走を止められない資本構造

米国金融機関は復活を遂げ、金融システムは健全化した、というのがおそらく現在の米国規制当局の認識であり、また市場のコンセンサスでもあろう。確かに厳しいストレステストを経て、マクロ経済の縮小や株価急落・不動産市況悪化といった市場動向の急変に対しても、金融機関が厚い自己資本で対応し得る体制になっているのは事実である。だがそれを可能にした規制は、逆にさまざまな寡占化を通じて資本システムの不安定性を増幅しつつある感は否めない。

肥大する金融機関　リスクを増大させる大銀行の寡占化

一つの例として、金融機関の肥大化を挙げておこう。代表例はＪＰモルガンである。その名前は、中央銀行が存在しなかった一九世紀後半から二〇世紀初頭にかけて米国経済を牽引した金融機能の中枢として市場に奥深く刻まれているが、当時のＪＰモルガンと現在のＪＰモルガンは似て非なるものである。

米国に商業銀行と投資銀行があるのは周知の通りであり、それが日本の銀行と証券会社の区分のモデルとなっているが、ＪＰモルガンの歴史はその軌跡を余すところなく示してくれる。一九世紀後半に誕生した同社は、金融資本として急速な成長を遂げたが、一九二九年以降の大恐慌を経て、商業銀行のＪＰモルガンと投資銀行のモルガン・スタンレーに分離されることになる。いずれも現代金融を代表する金融機関である。

そのくわしい歴史は省略するが、現在のＪＰモルガンを形成しているのは一九九〇年代の米国に存在した大手六行である。ケミカル銀行がまず一九九一年にマニファクチャラーズ・ハノーバー・トラスト銀行を買収し、一九九六年にはチェース・マンハッタン銀行を買収、世界最大の銀行になったあと二〇〇〇年にＪＰモルガンを買収し、その後バンク・ワン・オブ・オハイオとファースト・シカゴが合併してできたバンク・ワンを吸収したのである。

その過程で本来商業銀行として拡大してきたＪＰモルガンは、規制緩和の波に乗って投資銀行としての機能も強化していく。一九八〇年代に設置されたロンドンの現地法人を通じてユーロ債市場での証券業務を拡大、米国でも一九九九年に制定されたグラム・リーチ・ブライリー法の下で、国内証券業務やM&A仲介など投資銀行の強化に乗り出した。

現在、商業銀行はJPモルガン・チェース、投資銀行はJPモルガンというそれぞれのブランドでビジネスを展開しており、総資産は二・六兆ドルと決して断トツの水準ではなく、むしろ中国などの大銀行の後塵を拝しているが、主要産業への融資や有価証券引き受けそしてM&A仲介業務など、収益性の高いビジネスでのシェアでは群を抜いている。

米銀は再編の繰り返しで時代の波を乗り切ってきた産業の代表例であり、それが米国の資本システムの強靭さを表現していると言っていい。そしてJPモルガンは、再編の過程を通じて常にその主役にあった。換言すれば、米国の資本システムを語るときにJPモルガンは決して外せない存在なのである。

そして同行にシティグループ、バンクオブアメリカ、ウェルズ・ファーゴを併せた四大銀行の資産総額は約六・九兆ドルと全米規模一五・四兆ドルの四五%を占め、世界の投資銀行業務においては、これにゴールドマン・サックスとモルガン・スタンレーを加えた大手米銀が約四〇%のビジネス・シェアを占めるに至っている。

こうした大銀行の寡占化は、一つの金融機関が破綻、あるいは経営難の状態に陥った際に、被害が加速度的に増大する「システミック・リスク」を引き起こす恐れがある。当局はそのために、金融システムの健全化を目指す規制強化に踏み切ったのだが、資本システムにおけるプライシング機能に不健全性が残っていることは、大きな脅威であり続けるだろう。

ノンバンクの代表格ブラック・ロック

米国における「バンク」の雄がＪＰモルガンであるとすれば、「ノンバンク」の代表格はブラック・ロックである。同社はＪＰモルガンの総資産の約三倍の規模を有する、世界最大の資産運用会社として勢力を伸ばしている。

ブラック・ロックは一九八八年に設立された、比較的歴史の浅い投資会社であるが、二〇〇九年にバークレーズからＥＴＦ（上場投資信託）業務に定評のあった運用子会社を買収したのを契機に、飛躍的な拡大を遂げた。資産運用にくわしい人であれば、iShares という商品名をご存知の人も多いだろう。

同社の二〇一七年末の資産運用残高六・三兆ドルの内訳をみると、ＥＴＦやインデックス・ファンドなどの受動的な運用残高が四・一兆ドルと六五％を占めており、積極運用の一・七兆ドルを遥かに上回っている。ＪＰモルガンなどの銀行が主に自身の意思で投融資を行うのに対し、ブラック・ロックは、市場の指数などに連動した商品の受動的な受け皿として大きな役割を果たしていることがわかる。

資産運用会社といえば、金融の専門家ではない個人投資家が利用するイメージが強いが、同社の場合は六・三兆ドルのうち機関投資家のおカネが三・五兆ドルと過半を占めていることが注目される。

また二〇〇九年にようやく一兆ドルの運用規模となったETFが二〇一七年には四兆ドルを突破するなど、その拡大ペースの加速が顕著となっているが、その半数近くのシェアをブラック・ロックが握っており、第二位のヴァンガード、第三位のステート・ストリートの三社合計で七〇％を超えるという寡占状態にあることも米国資産運用業界の特徴だ。

銀行や資産運用会社の寡占化は、本来の資本システムにはなじまないものである。資本システムはそもそも健全な競争を求めるものであり、独占や寡占による不要なコスト発生や取引集中によるシステミック・リスクなどを排除し、資金を資本化する際の環境を可能なかぎり透明化することを要請してきた。

もちろんそうした理想形が常に実現できるとはかぎらないが、資本システムの要求は、安定的かつ平等性の保たれた経済発展に必要なものである。だが米国の資本システムは、そうした理想像から日々遠ざかっていくような印象を与えている。

連動して進む企業と金融の寡占化

資本システムにおける寡占化は、米国ハイテク産業における寡占化をも支えているようにも見える。現在の米国経済を牽引する高度な情報産業は、アップルやアマゾン、グーグル、マイクロソフトといった大規模な少数派が事業を独占する構造になっているが、その「巨人」たちの優位性を機関投資家が支えている構造も同時に明らかになってきた。

一九八〇年代の世界経済は、グローバリゼーションとともに、国営企業の民営化や大企業の分割などが流行した時代であり、競争は消費者にとってのコスト低減要因になり、技術開発も促進された。それは一九一〇年代から続いた寡占・独占体制への批判から生まれた構造であった。だが、大規模な寡占企業が闊歩する米国では、その競争時代はもはや終焉したに等しい。

やや古い統計だが、米国上位一〇〇社が生みだす利益のGDPシェアは、一九九四年の三三％から二〇一三年には四六％にまで上昇し、五大米銀の保有する資産シェアは、二〇〇〇年の二五％から二〇一六年時点で四五％に増大している。企業と金融の寡占化は、歩調を合わせているのである。

M＆Aの件数も金融危機の最中には激減したが、景気回復とともに増加ペースが加速しており、特に大企業が中小のライバル候補を飲み込んで巨大化する傾向が強まっている。その結果、米国では一九九六年から二〇一三年までの間に上場企業数が約三五〇〇社まで半減してしまった。米国内での新興企業の立ち上げ数も、現在は一九七〇年代以降で最低水準に落ち込んでいる。今日の米国経済は、技術力のある先端新興企業を資金力のある超巨大企業が飲み込んで支配している、とも言える。

その財務的安定性を担保しているのが、資産市場におけるETFなどインデックス運用の増加なのである。ブラック・ロックのETFやヴァンガードのインデックス・ファンドに資金が大量に流入し、時価総額の大きい超巨大企業に一段と流れ込むからである。寡占化・独占化する企業の経営は安定し、社債発行も円滑に消化され、資本システムは意図せざる「競争の歪み」に寄与することになる。

景気拡大の過程では見えづらいが、こうした金融と産業の寡占化はコストを伴うものだ。一部には、こうした寡占化が富の偏在や所得格差の拡大要因だと見なす向きもある。それを是正するには、ある程度公的な権力の行使に頼らざるを得ない。

政策が景気変動を増幅させる

だが、米国の場合はむしろ経済政策や金融規制が資本システムの歪みに拍車をかけている。その方向性は「景気変動増幅的(プロ・シクリカル)」であると言っていいだろう。景気変動増幅的とは聞き慣れない言葉かもしれないが、通常の経済政策に見られる「景気変動抑制的(カウンター・シクリカル)」の対極にある概念だととらえればよいだろう。

一般的に景気対策は、好況時に金融を引締め、不況時には財政出動や金融緩和を行うといった景気変動抑制的なものである。金融危機が発生した後に、オバマ政権と米議会、そしてFRBは、まさにこのタイプの政策で共同歩調を取った。

一方で銀行には、景気がよくなれば貸付機会を増やそうとし、経営状態が悪化すれば融資引き揚げの準備に取りかかる、といった景気変動増幅的な行動が見られることは周知の通りである。株価が上昇し始めると証券会社からの電話が増え、株価下落時にはまったく連絡が来なくなるのも、そうした現象の一つである。

トランプ大統領が主導した大幅な減税や歳出拡大など、昨今の好景気における米国の景気対策は、従来の景気変動抑制的ではなく、逆の景気変動増幅的な傾向が強まっている印象が否めない。金融規制に関しても同様である。

景気回復が鮮明になる中、共和党が多数を占める米議会は、金融規制強化を狙ったドッド・フランク法の調整を通じて、金融規制を緩和する方向へと舵を切っている。トランプ大統領は、金融危機後に消費者保護を目的に設立されたＣＦＰＢ（消費者金融保護局）の行動を抑え込もうとして、トップの首をすげ替える作戦に出た。

そして金融システムの監視に当たるＦＲＢさえも、銀行の自己資本ルールの緩和作業などに着手している。規制緩和に反対であったイエレン前議長に対し、後任のパウエル議長は規制緩和に好意的であり、トランプ政権は金融規制担当の副議長に規制緩和派のクウォールズ氏を任命した。

つまるところ現在の米国の金融規制方針は、実体経済の利益ではなく、政府と金融業界の利益に沿って調整されるような、非中立的な方向性に傾いているように見える。本来であれば、政府から独立した中央銀行が景気変動抑制的な方針を貫く立場にあるべきであり、金融政策は確かにその方向に向かって動き出しているが、金融規制に関しては正反対の動きとなっていることは、資本システムの安定性を脅かす予兆と見ていいだろう。

4　貿易戦争が資本システムを揺るがす

中国企業の猛追への米国の焦りと恐怖

トランプ大統領がしかけたもう一つの「資本システムへのチャレンジ」として、関税引き上げなどの保護主義化を挙げることができる。ＥＵや日本、カナダなどを対象とした鉄鋼・アルミの関税引き上げに加え、中国に対しては貿易赤字拡大と知的財産権侵害への対抗策として、巨額の関税を課す方針を打ち出した。

特に、米中という世界の経済大国が繰り広げる「貿易戦争」は、両国だけでなく世界経済に対しても大きな影響を与える可能性がある。二〇一八年七月にまず米国が中国からの輸入品三四〇億ドルへの追加関税を導入すると、すぐさま中国が同額の報復を発動、その後も関税対象規模は拡大方向にあり、米国はさらに投資規制にまで踏み込む姿勢を見せている。

そんな米国の対中規制強化方針は、中国に進出した米国企業が、強制的に重要なノウハウ提供を強いられている、という不満に立脚したものであることを踏まえれば、その方向性が簡単に変わるとは思えない。

トランプ大統領の強硬姿勢を「中間選挙対策」と見る向きもあるが、知的財産権の保護、ハイテク産業優位の死守、安全保障体制の維持といった諸点まで踏まえれば、それを票狙いの単なる「ショー・タイム」と考えるのは早計だろう。安全保障という最重要戦略の基盤となるハイテク分野において、中国企業が米国企業を猛追している事実に、米国が恐怖感と焦燥感を抱いているのは明らかである。

現時点において米国がハイテク産業の独擅場であることに誰しも異論はなかろうが、次世代の企業群を見据えれば、違った構図も見えてくる。市場では新興企業の勢いでは中国が勝っているという見方が増えており、北朝鮮とイランへの制裁措置に違反したとして、米国が中国通信機器大手のＺＴＥに対し厳しい制裁方針を打ち出したことにも、その強い危機感が窺える。中国政府が二〇一五年に打ち出した「中国製造二〇二五」は、着実に成果を上げている。

したがって、米国がしかけた「貿易戦争」は、実は安全保障を支える「ハイテク戦争」の一側面に過ぎないのであり、両国間の協議で妥協が成立するような代物ではあるまい。大統領が、中国による対米企業投資への規制にまで踏み込もうとしているのがその証左である。

「グレート・ゲーム」の再来

誤解を恐れずに言えば、今日の米中対立は、一九〜二〇世紀に英国とロシアが繰り広げた際限のない「グレート・ゲーム」の再来なのであり、経済的疲弊が実感されるまで終わらない「チキン・ゲーム」の様相を強めることになる可能性は高い。

もっとも米中間の貿易問題はトランプ大統領が就任して以降くすぶっていた課題でもあり、二〇一八年七月に突如として発生したものではない。直接投資に関しては、両国の間で既に摩擦が生じていた。UNCTADの統計に拠れば、二〇一七年の国際的な直接投資額は前年比二三％減少しているが、その主因は四〇％減となった米国への直接投資であり、その大半は中国からの対米直接投資減で説明される。

そこには、米国が中国企業による米国企業への出資・買収にブレーキをかけた面と、中国政府が民間企業による過大な対米投資を抑制した面の双方の影響があるが、今後は、米国側の一段の規制強化によって対米直接投資の縮小ペースが加速することが予想される。昨今、米国のスタートアップ企業に対する中国企業の出資シェアは小さくないことから、規制強化がその成長力に悪影響を与える可能性も指摘されている。「貿易戦争は米国の楽勝」というトランプ大統領の強気は、油断と紙一重である。

ただし、米国株式市場においては貿易戦争に対する懸念度はそれほど高くない。それは、機関投資家がトランプ大統領の掲げる経済政策に対して、一定の警戒感を抱きつつも、最終的には株価上昇を通じてかれらに利益をもたらしてくれる「ビジネス・フレンドリー」な施策との評価を与えているからだ。

そんな楽観の背景には、トランプ大統領の脅しも、実体経済が傷つく前に軌道修正するだろうという期待、貿易戦争となれば経済規模で圧倒的な力を持つ米国に有利だとする見方、そして堅調に拡大を続ける米国経済にとって、貿易問題から来る影響は軽微だといった観測があるように思われる。

米国経済は確かに力強い成長を遂げており、二〇〇九年六月から始まった景気拡大サイクルは二〇一九年夏にも戦後最長記録を更新する見通しが強まっている。農産物などへの貿易戦争によるダメージは小さくないが、米国経済を牽引するサービス業への打撃は小さく、ハイテク企業の業績も好調堅持といった見方が根強い。ＦＲＢも利上げ方針を維持している。

そうした株式市場が、逆にトランプ大統領の強硬姿勢を後押しし、米国の保護主義姿勢を補強している構図が浮上している。金融政策で保護された株式市場は、保護貿易でも米国経済の優位性が担保されるとの見通しで、長期的成長性を損なうアンチ・グローバリゼーションを加速するトランプ大統領と怪しげな二人三脚を演じているように見える。それは、米国資本システムの「ポピュリズム政治との密着」という脆弱性を浮き彫りにしている。

しかし、その市場感覚は、他国市場の問題点をまったく無視したものである。米国経済は堅調とはいえ、二〇一七年に市場が満喫した「世界同時好況」のムードは消えつつあり、為替市場ではメキシコ、アルゼンチン、トルコ、ブラジル、インド、インドネシアなど新興国通貨への売り圧力が強まっている。

変化への感覚的対応力を失った米国

以前と違って主要新興国の経済のファンダメンタルズは強化されており、「多少のドル高や金利高では揺るがない」という認識が、二〇一七年の新興国の株・債券・通貨におけるトリプル高を演出していた。だが市場心理は既に一変している。

ＦＲＢは、利上げペースの加速だけでなく、バランスシートの縮小(保有債券の再投資停止)という流動性絞り込みも行っている。そしてトランプ政権の大型減税や歳出拡大方針を背景に、今後は国債が増発され、民間マネーが吸い上げられ始める。新興国市場は、金利高によるドル流出だけでなく、市場におけるドルの絶対量減少という逆風も受け始めているのである。新興国不安による市場心理の冷え込みは、容易に家計消費と企業投資の両輪に急ブレーキをかけるトリガーとなりうる。

そんな新興国市場の動揺が続く中、これまで「別格扱い」されてきた中国からも資金流出が目立つようになった。2章で述べたように、中国は過剰債務縮小への方針を鮮明にしており、貿易戦争が成長鈍化ペースを加速するようになれば、市場心理は急速に悪化しかねない。それは米国市場に無縁とは言えないだろう。

新興国危機は世界的な景況感悪化の結果ではなく、常に前兆であった。新興国経済はいま世界のＧＤＰの六〇%を占めており、二〇一〇年以降は成長の約七〇%相当を担っていると言われる。

米国の資本システムは、こうした経済変化への感覚的対応力を喪失しているようにも思われる。

米中ハイテク戦争の主戦場は新興国

さて米中間の貿易戦争はハイテク戦争の局部戦であると述べたが、両国デジタル産業における企業間抗争は、既に白熱化していると言っていい。昨今の株式市場でも、世界の投資家が注目しているのはダウやS&P500ではなく、米国株を牽引する「FAANG」やグローバルな市場を席巻し始めた中国の「BAT」などの大企業群である。もっとも、かれらが主戦場と位置づけているのはそれぞれの母国ではなく、新興国などの第三国である。

フェースブック、アップル、アマゾン、ネットフリックス、グーグルの頭文字を採った「FAANG」は既にお馴染みの略称となっているが、中国のバイドゥ、アリババ、テンセントの「BAT」も、今や米国勢と肩を並べる注目度を獲得している。

時価総額ではアップルが一兆ドルの大台を越え、アマゾンが同社を急迫する展開となっており、テンセントやアリババも五〇〇〇億ドル超までその価値を高めるなど、株式市場での米中巨大ハイテク企業の競争は、貿易戦争への懸念をよそに熱気を帯びる一方である。

だがFAANGとBATが直接ビジネスでバッティングしている印象は薄い。それは米国が中国企業の国内進出を妨げ、中国が米国企業の国内参入を防いでいるからである。今後米国による投資規制が導入されれば、その傾向はますます強まるだろう。

その一方で、第三国における両国巨大企業の投資方針はきわめて積極的である。米国勢は直接当該国に進出する戦略を好み、中国勢は現地企業に出資する方法を選択するなど、進出形式の違いはあるが、特に新興国に対する経営方針はどちらもアグレッシブだ。

売上構造を見ても、グーグルの海外売上はほぼ五〇％に達しており、アリババはインドなどを重視して海外比率を二〇二五年までに五〇％以上に引き上げる計画を発表するなど、米中巨大ハイテク企業の「海外寄与度」は上昇中である。

米中企業を受けいれる第三国にとっては、合理性や効率性がもたらされることで自国経済が活性化されるという利点がある。そして国内勢を刺激して新たな競争が生まれると期待し、それぞれの参入を歓迎しているようだ。米中先端産業による、第三国をめぐる覇権争いはますますヒートアップするだろう。

だが米中企業が席巻する第三国が、その企業経営を通じて当該国に政治経済的に組み込まれていく地政学的な影響も予想される、と英国エコノミスト誌は指摘している。中国企業が勢力を持つ国では中国政府の影響力が増し、米国企業が支配する国は米政権の意向を無視できなくなる。かくして米中ハイテク競争は、ＦＡＡＮＧとＢＡＴの企業間の闘いに止まらず、世界をブロック化してしまうかもしれない。それは、国際的な資本システムが分断され、政治が優先されて経済的効率性を失っていくリスクを胚胎している。

ドルは衰退するか

そして貿易戦争がはらむリスクとして、ドルの世界的独占力の衰退を挙げることもできるだろう。あくまで長期的な話題ではあるが、米国資本システムの機能に欠かせないドルに変化が起きることは、世界にとっても重要な関心事である。

今日の米国が世界に様々な力を押しつけられるのは、経済力や軍事力に加えて、ドルという通貨力があるからだ。特に武力行使が抑制される現代にあっては、ドル使用を制限する経済制裁が最も有効な手段として利用されることが多い。それはプラスの効果をもたらすことも多いが、米国の身勝手な外交方針の下で濫用されることになれば、世界にとってマイナス効果になる恐れもある。トランプ政権は、そうしたリスクを高めつつある。

金融制裁は米国の専売特許と言っていいかもしれない。いかにロシアが覇権回復を目指し、中国が経済・軍事で米国を脅かそうとも、通貨力を使った戦術では米国には勝てない。ドルに対抗してユーロを創設したＥＵも然りである。準備通貨の六〇％以上を占めるドルに敵う相手はいない。金融制裁は米財務省外国資産管理室（ＯＦＡＣ）を通じて実行されるが、その数は二〇一〇年の一〇〇〇件から現在では六〇〇〇件に急増している。

その急増を演出しているのがトランプ大統領であり、二〇一七年だけで約一〇〇〇件とオバマ前大統領の最終年となった二〇一六年の三倍以上に達している。そして二〇一八年に入ってもその手綱は緩められず、むしろ加速している感もある。ロシアに対する経済制裁の強化やイラン核合意離脱に伴う新たな経済制裁導入の検討など、ドルの威を借りたトランプ政権の「制裁好き」は、中国に対してしかけた貿易戦争に見られるようにどんどんエスカレートしている。

自らドルの信認を傷つけるトランプ政権

世界の秩序を守るための制裁には意味があり、世界通貨としてのドルの威力を利用した米国の方針が歓迎されることは少なくない。独裁者による圧政や不当な侵略行為、資金洗浄などの不正行為に対して制裁を行うことは正当化されよう。

だがトランプ大統領の場合は、自身の支持率回復や選挙対策(中間選挙だけでなく二〇二〇年の再選も視野に入っている)といった、本筋から外れた目的で発動されるケースが多々ある、と言わざるを得ない。それは「通貨力の濫用」と表現してもいいだろう。

米国政権にとって幸いなことにライバル通貨は存在せず、ドルの威信は当面健在である。だが米国がこうした身勝手で気紛れな制裁行為を濫発すれば、徐々にドルの信認が損なわれることになるかもしれない。

そもそもドルの世界性には、米国政治経済制度への信頼感やルールに即したシステムへの安心感、そして価値観の共有などの「信用」が前提となっている。それが米国の資本システムを支える原動力となっていたのである。トランプ大統領は、愚かにも自らそのインフラを傷つけ始めたように見える。

第5章 日本の歪んだ資本システム——積み上がる公的債務

異例の再任となった日本銀行の黒田東彦総裁（中央）と麻生太郎財務大臣（2018年4月9日夕、首相官邸、共同）

1　日本は公的債務をどう処理しているか

資金が政府のブラックホールに吸い込まれていく

日本が抱える経済的課題といえば、真っ先に指摘されるのが財政問題であろう。この議論はもう何十年にもわたって繰り返されており、デフォルトや預金封鎖からハイパー・インフレそして財産課税などに至るまで、あらゆるメディアやエコノミスト、評論家らの格好の標的となってきた。その危機ムードに拍車をかけたのが、二〇一三年の黒田日銀総裁によって「異次元の金融緩和」として導入された、日銀による国債の巨額購入であった。

基本的な問題意識として、日本政府の長年にわたる財政赤字のたれ流しの結果、山積みになった公的債務の残高は、資本システムの観点からも看過できない事象である。貴重な資金が実りを生まない政府のブラックホールに吸い込まれるからだ。今日では、その受け皿となる日銀の大量購入によって長期金利が人為的に抑え込まれ、効率的な資金配分の尺度が失われている。そして政府の財政再建への意識は薄れ、債務がますます膨れ上がるという悪循環を生んでいる。

政府と中銀が国債と資金のキャッチボールを繰り返す中で、資本システムの活性化や市場の多様化は遅れる。構造改革が進まない経済環境下で、企業の投資は一部の特定産業に集中し、家計は「将来的に増税は不可避」とみて消費行動を控える。そして、いずれは長期金利が急上昇して住宅ローン金利や社債利回りが大幅に上昇し、株価が暴落して日本経済が崩れていくのではないか、といった悲観論が醸成される。

こうした恐怖感や閉塞感は、外需増に伴う景気拡大によって一時的には解消されるが、米国や中国などの景気拡大ペースが鈍化すれば、日本の資本システムが抱える弊害は再び表面化することになるだろう。株価が上昇していればそれでよい、という考え方が健全な資本システムを担保するものでないことも、すでに海外分析において指摘したところである。

まず、日本の財政の現状について簡単に整理しておくことにしよう。二〇一八年度の一般会計予算を概観すれば、財政規模は約九八兆円であり、歳入の内訳は税収が五九兆円(約六〇・五％)、公債が三四兆円(三四・五％)、その他五兆円(五・一％)となっており、歳出の内訳は社会保障費が三三兆円(三三・七％)、地方交付税は一六兆円(一五・九％)で国債費が二三兆円(二三・八％)、そして公共事業、文教及び科学振興、防衛、その他が残りを占めている。

そこから読み取れるのは、日本は歳出の四割を借金でやり繰りしていること、税収だけでは社会保障や地方交付金、国債費という歳出の柱すら賄えない状態であること、したがって慢性的な赤字たれ流しを食い止めるのは当面ほぼ不可能に近いこと、などである。これに対し、税収を増やせば赤字幅が縮小すると考え、積極的なリフレ策を主張しているのが二〇一二年末に成立した安倍内閣であることは周知の通りだ。

極端な金融緩和や海外経済の好調に支えられ、景気拡大期が継続していることで、税収は好調である。だが、それだけで日本の厳しい財政状況が急激に好転するとは考えがたい。二〇一九年秋に予定されている消費税増税も、赤字穴埋めへの大きな効果は期待されていない。

現在、日本の公的債務残高はGDP比二五〇%にまで接近してきており、歴史上、世界に類を見ない水準となっている。単年度の財政収支もGDP比四%台の赤字幅が続いており、好景気の下でさえも縮小する気配がない。目先の心配をする必要はないと見る日本の市場が、この材料を過小評価していることは、おそらくまちがいない。

撃ち尽くされた弾

一般的に、財政赤字とは前述した歳入の中の三四兆円の公債部分を指す。これをゼロにするのはもはやあまりにも非現実的で絶望的な状況となった。したがって政府は「プライマリー・バランス(基礎的財政収支)」つまり、歳入部分の公債と歳出部分の国債費を除いた財政収支という別のフローをターゲットに置き、その収支を均衡させる目標を「財政再建」のテーマとして打ち出している。

国債費とは過去の借金と利息の支払いであることから、とりあえずその部分を外した歳出が税収で賄えるかを考えてみる、というのが「プライマリー・バランス」の趣旨である。二〇一八年度予算案でいえば、公債を除く税収などの歳入は六四・〇兆円、国債費を除いた歳出は七四・四兆円であることから、プライマリー・バランスは一〇・四兆円の赤字という計算になる。

二〇一三年に安倍首相はこの基礎的収支を二〇二〇年に黒字化させる、とG20サミットで公表し、国際公約とした。だが低金利にあぐらをかいた政権下での財政収支の改善は緩慢であり、二〇一七年にこの目標の達成は不可能との判断を示さざるを得なくなった。二〇一八年の「骨太方針」において、黒字化目標時期は二〇二〇年から二〇二五年へと、五年先送りされることになったのである。だが、それすらも楽観的な見通しかもしれない。

通常、財政危機が意識され始めると、国債利回りが急上昇する。特に指標となるのは一〇年債利回りであり、市場が「長期金利」と呼ぶその水準が、主に市場の警戒度を示すことになる。最近の例では、第3章で述べた二〇一二年に欧州市場を襲ったギリシア危機をはじめとする南欧諸国の長期国債利回り急上昇がその典型例である。事実上のデフォルト状態になったギリシアの長期金利は四〇%を超え、財政危機が迫ったイタリアでも長期金利が七%以上に急伸したことは記憶に新しい。

仮に日本でも長期金利が急上昇すれば、連動して住宅ローンや社債金利は上昇し、株価も大幅に下落する可能性が高い。そうなれば国内経済が一気に景気後退へと落ち込むことになるだろう。

二〇〇八年の米国発金融危機の嵐が日本に押し寄せた際に、日本政府は大胆な金融政策や積極的な財政出動などで対応した。だが景気の回復・拡大過程においてもその政策が漫然と続いたために弾は撃ち尽くされ、次なる危機への対応策はきわめて限界的である。

そうした状況にあって、日銀による国債引き受けという、財政法に抵触する財政ファイナンスが特例として認められたり、税収不足を補うために個人の保有資産に課税する財産税といった強引な税収政策の導入となったりするリスクは、まったくないとは言い切れない。

鉄壁の国内投資家層に守られた日本国債

もっとも、今日の日本国債がギリシアやイタリアと違って、低利回りのまま、そしてソブリン・リスクを示すＣＤＳ（クレジット・デフォルト・スワップ）市場でも、リスク・プレミアム（保険料に相当）が低いまま推移していることの理由は、いくつか挙げられる。

まず日本国債の約九〇％が日本の投資家によって保有されている構造が挙げられる。日本の財政問題は一九九〇年代から海外市場でもたびたび話題となり、投機筋が何度も日本国債の先物市場で売りをしかけたことがあったが、その都度、厚い日本投資家の壁に跳ね返されてきた。鉄壁ともいえる国内投資家層の買いに、先物投機は失敗に終わったのである。その教訓から、海外投機筋はなかなか日本国債市場に手が出せないでいる。

ちなみに、債務危機の際に売り浴びせられたギリシア国債の保有者はほとんどが海外投資家であった。同国財政への懸念が高まったことから、かれらがいっせいに売却に走ったことで、急速に利回りが上昇したのである。それに比べると、国内投資家の信認が厚い日本国債には比類のない安定感がある。

つまり、日本政府は多額の借金を抱えてはいるが、対外債務がほとんどないために日本国債の売り圧力が軽減されているのである。米国や英国は財政赤字と同時に経常収支もまた赤字であり、海外からの資金流入で双方の赤字を賄う必要があるが、日本は国内家計貯蓄からのファイナンスが十分可能な国なのだ。

そして、日本経済に対する安心感もある。中国に抜かれたとはいえ、世界第三位のＧＤＰを誇る国であり、トヨタやソニーなど国際的にも名高い企業が少なくない。また工作機械や化学製品、電子機器など競争力や知名度の高い産業があり、以前のように円高にめっぽう弱い日本経済というイメージも希薄化しつつある。それは、法人税の税収増という期待感にもつながってくる。

税収に関しては、日本にはまだ消費税の引き上げ余地がある、という面も指摘される。現在消費税率は八％であり、二〇一九年一〇月に一〇％へ引き上げられる予定だが、欧州諸国などは二〇％以上の税率が一般的となっており、政治的に可能かどうかは別として、日本もそうした税率まで引き上げられれば、大幅に財政は改善するという机上の計算は可能になる。

そして最後に最強の材料として、日銀が大量に日本国債を買い入れている事実が挙げられる。これによって国債市場の流動性は大幅に低下しており、市場に売りに出る国債は急速に減少してしまったのである。

二〇一三年四月に導入された量的質的金融緩和により、日本国債はブラックホールのように日銀に吸い込まれ、中長期の利回り水準までも日銀が決定することになった。さらに二〇一六年九月には日銀が長期金利をゼロ近辺に固定する金融政策を採用したことにより、日本国債は事実上の「固定相場制」となってしまった。これが海外投機筋のレーダーから日本国債が消えてしまった、という結果にもつながっている。

日銀が長期金利を決めるという歪んだ状況

こうした諸点を背景として、現在、世界最大の債務国である日本の国債利回りは短期から超長期に至るまで、ゼロ近辺のきわめて低い水準で推移している。低金利のおかげで、年間利払い費も約九兆円程度に抑制されており、九七兆円という予算規模の約一〇%未満に収まっている。利払い停止のリスクはほとんどないと言っていい。家計貯蓄が一八〇〇兆円という民間貯蓄と、赤字額が一二〇〇兆円という政府の借金のバランスが逆転しない限り、デフォルトのような波乱も起きないかもしれない。

また日本財政の「救済案」として、戦後に見られたようなインフレによって債務負担を軽減する、あるいは国債を永久国債、つまり株と似たような返済不要の構造にして政府債務を事実上消滅させる、といった考え方もある。後者はかなりの劇薬ではあるが、理屈としては可能だろう。また、日銀を財務省の連結子会社のように見立てて日銀の保有国債を償却する、つまり、財務省の債務と日銀の債権を相殺するといったアイデアも、インフレを引き起こす確率がきわめて高いが、理屈としては可能である。

デフォルトを避けるためにこうしたさまざまな手法があることも、市場不安がさほど強まらない理由の一つだろう。だがデフォルトは起きなくても、流通市場や先物市場で長期金利が急上昇することは決してない、と断定することもできない。流動性が極度に低下した市場において、価格が跳ね上がる、あるいは急落する、といった事態は常に起こり得るからだ。

長期金利は通常、市場における投資家らの国債売買を通じて決定されるが、日本では日銀がその水準を決定するという歪んだ資本システムとなっている。当面はその状況が続くだろうが、金融史を眺めてみれば、硬直的な市場状況が内部的要因で崩壊することはめずらしいことではない。

自由な売買機会を喪失した市場が生んだモラルハザードは、政府だけの問題ではない。牙を抜かれた資本システムにも「長期金利は長期的に低位安定」というムードが蔓延し、長期金利上昇に対するリスク感覚を麻痺させている。そして、家計や企業財務においてもそうした慢心が広がっていることは否定できない。

世界や日本の景気動向の変化に伴い、米国債のように市場が自由度を取り戻して、投資家らが金利水準を決定する時期が戻ってきたとき、それが漸進的にゆるやかなペースでの「ソフト・ランディング」になるのか、急激な長期金利上昇が襲来する「ハード・ランディング」になるのかは、現時点では予測不能である。

2　問われる日本銀行の信用力

戦前の国債引き受けに似る「異次元の緩和」

中央銀行と国債は切っても切れない仲である。一七世紀に設立された世界で二番目に古い中央銀行であるイングランド銀行(英中銀)は、当時政府の戦費調達のために資金を貸し付けたり、国債を購入したりする、政府お抱えの金庫番であった。その後、紆余曲折をへて各国の中央銀行は法定通貨を発行し、物価安定を図る近代的な組織に変身したが、そのバランスシートに占める大半の資産は依然として国債である。

現在市中に流通しているおカネは、我々にとっては中央銀行に対する「債権」であり、逆に言えば中央銀行にとっての「債務」である。単純化していえば、その「債務」の裏側にあるのが、中央銀行が資産として保有する国債なのである。中央銀行は、国債を保有する見合いに紙幣を流通させている、と言ってもよい。

だが、中央銀行が政府の圧力を受けて国債購入を膨らませれば、当然ながら民間に流通するマネーは急増し、インフレになる。日本では満州事変が勃発した一九三一年の翌年から、戦費調達に協力する日銀の国債引き受けが始まったが、当初は直後に市中売却を行っていた。したがって、物価動向への影響は軽微であったが、戦争継続とともに国債の対民間売却が困難となり、軍事費縮小を主張する高橋是清蔵相らが軍部によって暗殺されることになる。

その後、日中戦争、太平洋戦争と戦況が拡大し戦費が膨らむ中で、日銀の国債引き受けは増加の一途をたどり、公的債務のＧＤＰ比は二〇四％にまで膨張していった。そして戦後にはハイパー・インフレを引き起こし、預金封鎖や新円切り替えなどの事実上のデフォルトが発生することになる。こうした惨劇に鑑み、財政法で日銀による国債引き受けが禁止されたことは周知の通りだ。

その後日銀は、一九七〇年代に原油価格上昇による深刻な狂乱物価に直面したり、円高対策としての金融緩和が不動産バブルを招いたり、銀行の不良債権処理を契機にデフレ経済に突入したり、とさまざまな難局への対応を迫られたが、国債購入に関していえば、きわめて慎重な立場を採り続けてきた。二〇〇八年頃まで日銀の国債保有高はおよそ七〇兆円未満、国債発行総額の八％程度に過ぎない水準であった。

世界金融危機が発生して日本経済に深刻な影響が波及したことから、当時の白川前日銀総裁は二〇一〇年に「包括的緩和政策」を導入し、国債や社債、株式（ＥＴＦ）、上場不動産信託（ＲＥＩＴ）などを市場から購入する方針を採った。それは二〇〇一年に採用した当座預金を対象とする量的緩和から、国債を中心に資産を買い入れる新たな量的緩和へのシフトを意味するものであった。

だがこうした政策も、より積極的なデフレ脱却政策を期待する政治家からは「金融緩和は不十分」との烙印を押されることになる。二〇一二年に政権に復帰した安倍首相は、露骨な金融政策への介入を行い、日銀に緩和政策拡大への転換を迫った。

そして、二％の物価上昇を、大規模な国債買い入れを通じて達成するとの主張が評価されて後任に指名された黒田総裁は、市場の度肝を抜く大規模な緩和政策を二〇一三年四月に発表した。それはまさに、戦前における日銀の国債引き受けを彷彿させるものであった。

いつまでも達成されないインフレ目標

「異次元の金融緩和」とも呼ばれたその資産買い入れ策は、二年間で物価上昇率二％を達成するために長期国債の保有額を従来の二倍にする、という施策であった。黒田総裁は、前任の白川総裁の慎重な緩和策を徹底的に批判し、大胆な緩和策で物価上昇率を引き上げ、デフレ・ムードを払拭すると啖呵を切って見せたのである。

そもそも、物価上昇率を引き上げるために日銀が国債を大量に購入することの意味は、解りにくいかもしれない。戦前は日銀が大量に国債を引き受けたことで、ハイパー・インフレになった。そして現代は、事実上の引き受けに等しい国債の大量購入でインフレを起こそうとしている。物価は上昇しない方が消費者にとって幸福なのに、なぜインフレが必要なのだろうか、と疑問を抱く人も少なくないだろう。

黒田総裁の政策は、デフレ感覚を断ち切るには相当のインフレ圧力が必要である、という独特のロジックと、この程度の国債購入ではハイパー・インフレは起きないという大胆な信念とに支えられたものであった。二％程度の物価上昇率は安定的な経済成長に必要不可欠だ、というのが同総裁の主題だったのである。

だがその政策導入から五年以上が経過し、量的緩和は一段と拡大され、長期金利をゼロ近辺に張り付けるという強引な策までも導入されたが、インフレ目標は達成されないまま、何度も目標達成時期が先送りされ、二〇一八年四月には遂にその時期も取下げられることになった。当たったのは、ハイパー・インフレなど起きない、という読みだけであった。

また、日銀の国債買い入れは国債引き受けではないというのが政府・日銀の公式見解であるが、その違いもわかりにくい。財政法で禁じられている引き受けは、文字通り日銀が財務省の発行する国債を、市場を介さずに直接購入する行為である。それに対し、今日の国債買い入れは、流通市場を通じた銀行や証券会社などからの購入である。もっともその違いは、前者が市場条件を反映しない可能性がある、という程度のものであり、事実上ゼロ金利に固定された状況下では、前者がことさら有利な条件になることはない。

市場規模からして、日銀が想定してきた国債買い入れ年間八〇兆円という規模は、昨今の日本政府による新規国債発行額である三〇兆円台を大きく上回っており、政府の財政赤字を埋める以上のファイナンスを行っていると見ても不思議ではない。確かに財政法という法律に照らせば違法ではないが、法の精神は汚されているといっても過言ではない。

ではなぜ日銀の大量国債購入は、ハイパー・インフレを起こさなかったのだろうか。

戦時中は、日銀が引き受けた国債の代わり金はそのまま政府に支払われ、それが戦費支払いに用いられて民間経済に還元された。市中の紙幣が増えたのであるから、インフレが起きるのは当然であり、その後始末に預金封鎖や新円切り替えなど、国民の痛みを伴う強引な策が用いられることになった。

現代は、日銀が購入した国債の代わり金はほとんどが銀行に流れ込み、それは日銀に置かれている当座預金に積み上げられ、死蔵されるために、物価にほとんど影響が出ないのである。日銀は当座預金にマイナス金利を適用したが、銀行が融資や投資で資金を流せる分野は限定的である。ハイパー・インフレにならない理由は、そのままインフレ目標達成が難しい理由にも通じている。

マクロな視点を欠いた物価目標

家計にとっては、物価は上がらない方が望ましい。特に賃金頭打ち傾向となっている現代ではなおさらそうである。だが政府と日銀はまったく別の見方を採っている。景気が低迷しているのはデフレ意識が抜けないためであり、金融緩和を継続して物価が上昇し始めれば、経済に活気が戻り賃金も上昇するというシナリオの下、二〇一八年四月に黒田総裁が再任されたことで、政策は失敗ではなく「まだ成果が出るに至っていないのだ」という釈明が、今後も延々と続く可能性は高い。

確かに「インフレ・ターゲット」は世界各国が採用している政策目標でもある。最初にそれを具体的な目標としたのはニュージーランド中銀であった。一九九〇年に同中銀は「〇・〇〜二・〇％」という幅を設けた金融政策運営を開始、これに英国やカナダ、スウェーデン、オーストラリアなどが追随し、二〇一二年にはＦＲＢも「二％の目標」を導入することになった。

この米国による決断が、米国流の金融政策をすべて是とする国内風潮の中でインフレ・ターゲット導入に慎重であった白川前総裁への批判を強めることになり、翌年に就任した黒田総裁が、日本経済があまり経験したことのない二％という高い物価目標を掲げることになったのである。

だがそもそもニュージーランドなどが導入した物価目標は、物価上昇を抑えるという引き締め方向のバイアスを含んだ政策であった。インフレを抑制するための高金利政策が実際に効果を挙げたことは、一九七〇〜八〇年代の欧米諸国でも証明されてきた。だが、反対に金融政策によって物価を適正水準に引き上げるという実験が成功した例はない、と言われる。これまで確認されているのは、通貨の大幅切り下げによるインフレ効果である。

金融危機以来、欧米でも物価目標を掲げた金融緩和政策が導入されたが、ＦＲＢやＥＣＢなどは目標未達の段階から金融政策を軌道修正するなど、柔軟な姿勢に転じている。賃金や物価が思い通りに上昇しないのは日本だけではない。

景気拡大の下で賃金が上昇しないことに対しては、いくつかの説明が試みられている。グローバリゼーション、機械化、アウトソーシング、労働組合の存在感低下といった構造変化に加えて、余剰労働力の存在や電子商取引の影響、新興国企業との競争なども原因に挙げられている。また一〇年以上にわたる世界的な労働生産性の低下も、重要な要因だろう。そして賃金以外にも、原油価格の低位での推移や技術革新によるコスト低下など、物価低迷の継続要因となる力が強く働いている。

こうしたマクロな要素を無視した物価目標は大きな転換点に差しかかっており、米国では物価目標見直し論も散見され始めている。ニューヨーク連邦準備銀行のダドリー前総裁は、二%という機械的で固定的な目標ではなく、一・五〜二・五%といったレンジでの緩やかな目標を一つの方法として挙げている。

それは、日本で散々批判された白川前総裁の主張した「物価安定の目途」とほぼ同じ概念であるように思われる。金融緩和を通じて高い物価目標を狙うインフレ・ターゲットは敗色濃厚だが、白川路線を徹底批判した黒田総裁が続投することになった日銀は、軌道修正が起こり始めた趨勢にどう立ち向かうのだろうか。

資本システムの軸は国債利回り

日銀の積極的な国債購入はデフレ懸念を払拭し、いざなぎ景気を超える経済成長局面を演出し、雇用機会の拡張に大いに寄与した、と評価する声もある。だがここ数年間の好景気は欧米や中国そして主要新興国など海外需要の強さを背景としたものであり、年間八〇兆円という無謀な国債購入がなくても景気拡大が実現されていた可能性は否定できない。

むしろ現在、その過激な金融政策によって日本の資本システムが毀損された弊害に目を向けるべき時期に来ているように思われる。症状の元凶は、本来市場決定に委ねられるべき長期金利が、金融当局によって固定化され続けている、という点である。

資本システムにおいては、民間資本がそれ自身のリスク・リターンの視座をもって自由自在に投資機会を探ることが基本原理になっている。大恐慌や金融危機などによって資本市場が壊滅的な被害を受けた場合など、民間資本は時に公的資金の助けを借りなければならない時代もあったが、現在は少なくともそういう時期にはない。

その資本システムの軸になるのが国債利回りであり、すべての資本取引の基礎になる。銀行融資の条件決定や、住宅ローン金利、社債市場の利回りといった「資金を資本化する」ためのシステムのスタート地点が国債利回りなのである。その水準は、機関投資家が把握する実体経済の状況や財政見通し、そしてインフレ期待などに、期間に応じたリスク・プレミアムが加わって形成される。

この利回りを基にして銀行間での資金融通が行われ、企業や自治体に対する信用リスク・プレミアムを加味した貸し付け実行や債券発行が行われ、債券利回りと配当利回りを意識した株式市場が形成されていく。為替市場に影響を及ぼす実質金利も、そうした国債利回りから演繹される。

だが日本の場合、そうした利回り形成の要因を一切無視して、日銀が一義的に決定する、という、戦時中を除けば先進国にほとんど例を見ないシステムとなっている。それは、資本のリスク・リターンの基本尺度を日銀の金融政策決定会合という、ほんの一握りの特定集団が決定するという、非民主的なシステムでもある。

資本システムが歪んでいるということは、リスク・リターンの尺度の正統性が崩れている、ということでもある。今の日本は、現代ポートフォリオ理論など無縁の世界である。長期金利の固定化を断念して水準上昇を許せば国内経済が混乱する、との反論もあろうが、それは計画経済的な発想であり、資本主義を標榜する国の論理ではない。長期金利の急上昇を抑制しつつ市場が適正水準を探り出すのを支援するのが、システム安定化に対する真に公的な役割であろう。

蛇足ではあるが、日本の若者層にビットコインなど価値基準の不明な暗号通貨が大人気となっていることの理由の一つに、日本における資本の価値基準が揺らいでいることを挙げても、あながち間違いではないのかもしれない。

3　銀行漂流　機能劣化のツケ

「貸出に必要な資金を集める」のが日本の銀行

政府に密着する形で日銀が財政を支援し、市場が硬直化してその自由度を失う中で、銀行もまた資本システムにおいて果たすべき役割への自信を失いつつある。日本が一九世紀に欧米から資本主義を輸入した際に、主役となったのは銀行であった。渋沢栄一の慧眼によって導入された日本の銀行は、その経済発展に欠かせない存在となり、資本システムの中枢として現在までその重責を担っている。

日本の銀行は、資本システムを生んだ中世欧州の銀行とは発展経路をやや異にしている。当時のイタリアやドイツ、英国などでは商業で資本を蓄積した資本家が銀行業務を開始し、その後工業化で莫大な富を稼いだ新興資本が参入し、近代的な銀行が形成されていく。だが日本の場合は、そうした商工業での資本蓄積は限界的な金融に止まり、明治以降になって殖産興業に必要な資金を民間からかき集める、という銀行形態が誕生したのである。

つまり、教科書にあるように「預金を集めておカネを貸す」のではなく「貸出に必要な資金を集める」のが日本の銀行の原型であった。これは文字通り「資金を資本化する」という資本システムの誕生を意味していた。

そしてここに、重要なポイントが隠されている。資金が資本に転換される過程は、資金が適切なリターンを求めて自発的に資本に転じるというルートと、資本が足りないために資金を強引に資本に転換するというルートがあるが、欧米型の資本システムは前者で始まり、日本型は後者のスタイルで始まった、という点である。その役割を果たしたのが、渋沢が導入した銀行制度であった。

つまり日本の資本システムは、旺盛な資金需要に応えるために各地に設立された銀行が、家計などに分散されていた余剰資金を吸収して工業資本や商業資本に転換するという「出力ありき」のシステムであった。言い換えれば日本の銀行は、資本システムに入力するための資金を集める能力が求められた企業だったのである。

そのシステム体系は紆余曲折を経ながらも、高度成長期の一九六〇年代まで続いた。株式や社債を取り扱う証券会社も、銀行と同様に資金を資本化するシステムに加わって飛躍を遂げたが、資本の絶対的なシェアを握るのはやはり銀行であった。

だが一九八〇年代以降、必要な国内資本量に頭打ち傾向が見え始め、日本の資本システムは転換点を迎えることになる。絶対的な信用を背景に銀行には預金が大量に流れ込み続けていたが、安定成長期になると企業側の必要資本量は着実に鈍化していく。銀行は新たな貸出先を求め、不動産関連融資に乗り出していったのである。

それは「資本の必要性に応じるために資金を集める」原型の行動から「余った資金を資本化する」という新たな行動原理に変化したことを意味していた。それ自体、まちがった路線ではなかったが、安易な不動産関連融資が競争激化を通じて不動産バブルを生んだ。不動産価格の暴落により、銀行は自ら資本システムを歪めていたことに気づいたが、後の祭りであった。

恒常的なカネ余り

今日の日本経済は、人口が頭打ちとなりまた低成長が継続していることもあって、国内の資本需要（資金需要ではない）が乏しい。一方で、信用力の高い銀行には預金が流入し続ける、という恒常的なカネ余り状態にある。

それは以前のような「資本化に対応する資金を集める」タイプの金融の役割が終わったことを意味している。そこで銀行は、消去法的に余剰資金を有価証券、中でも主に国債に投資する道を選んだ。銀行は、中央銀行からの借り入れや他の銀行間取引のために担保として、国債を一定額保有する必要があるが、優良な貸出先が限られていることから、国債の追加投資へと向かったのである。

国債投資は一定の利幅が確保できると同時に、ディーリングの対象としても売買益を期待することができる。金利が低下している中では、国債売買による利益は上げやすい。日本では一九八〇年代以降、金利がほぼ一貫して低下してきたので、ほとんどの銀行は国債の長期投資やディーリングを通じて利益を確保するという暫定的なビジネス・モデルで難局を乗り切ってきた。

だが国債を収益源泉として依存するには限界がある。既に述べたように日銀が大量購入する中で多くの国債利回りはマイナスとなり、市場流動性も大幅に低下して、投資でもディーリングでも稼げなくなった。日銀が当座預金にマイナス金利を導入したことで、日銀に資金を積んでいても損する時代になったのである。

銀行は多角化の時代に対応して、海外進出のほか国内でもリース会社、消費者金融、証券会社そして富裕層向けビジネスなどの他業種に参入してきたが、なかなかコアビジネスとして定着しない。

銀行には、次世代の社会を担う企業やビジネスに資本を提供するという役割も求められているが、そうした役割をこなすには相当のノウハウが必要になる。担保主義が貫徹されてきた銀行に、いきなりそうしたリスク・テイク機能を求めることは酷なことでもある。金融モデルの転換に時間がかかるのは、焦って大失敗したスルガ銀行の例を挙げるまでもない。同行の経営を絶賛した金融庁も「リスク・テイク」の意味がわかっていなかったように思われる。

そして追い討ちをかけるように、ゼロ金利時代の長期化という構造問題が日本の銀行に襲いかかっている。預金金利はゼロ以下に引き下げることは難しいが、貸出金利はどんどんゼロに近付いていく。収益の源泉である利鞘は低下する一方である。

となれば手数料収入増という手法が浮かび上がるが、大手銀行の中には不要なデリバティブズ取引やシンジケート・ローンを取引企業に強要して手数料を稼ぐという、悪質な手口も散見された。こうした優位な地位を濫用した取引は、銀行の危機感の表れでもあった。

昨今、ＡＩなど機械化の進展などを背景に大手銀行でも大量の人員削減計画を発表しているが、実はその判断時期は大幅に遅れたと言ってもいいかもしれない。日本の資本システムにおいて銀行が果たすべき役割は、もう数十年前から大きく変化していたからである。

マイナス金利が金融仲介機能を阻害する

日銀が採用している長期金利の超低水準への固定化やマイナス金利導入といった施策は、銀行における金融仲介機能を麻痺させている、との見方もある。米国プリンストン大学のブルネルマイヤー教授は、二〇一六年に「金利を下げ過ぎると、利鞘縮小を通じて銀行の自己資本制約が強まり、金融仲介機能が阻害され、金融緩和効果が反転する可能性がある」との分析を公表した。それは「リバーサル・レート」と呼ばれるものであり、まさに日本の資本システムの弱点を指摘したものと言える。

二〇一七年一一月に黒田日銀総裁がスイスでの講演でこの「リバーサル・レート」に言及したことで、日銀もさすがに金融機能低下を懸念しているのではないか、と注目を集めることになった。国内銀行がマイナス金利の導入以来、その金融政策を批判し続けてきたことに配慮し始めた、といった思惑も浮上した。だがその後、黒田総裁は「日本の金融仲介機能は低下していない」と述べ、憶測を否定している。

この「リバーサル・レート」を指摘したブルネルマイヤー教授の論考を簡単に整理しておこう。同教授によれば、「Reversal Interest Rate」とは、金融緩和政策の効果が限界に達して、銀行貸出にとって逆にマイナスの効果を生む転換点、と定義される。その水準に達すると、利鞘の減少によってそれまで「期間のミスマッチ」で得られてきた利益が消失し、銀行の純資産を減少させて自己資本の制約を強めてしまう、という。

この「リバーサル・レート」を決定づける要因として同教授は、固定金利資産の保有額、政策金利が預金金利に連動する度合い、そして経営が直面する自己資本の制約、という三点を挙げている。ただしそれは、各国においてどの水準が「リバーサル・レート」なのかといった実証分析を行ったわけではなく、また日本を特定対象とした論文でもない。

こうした研究に黒田総裁があえて言及したということは、日銀も緩和の副作用や逆効果について気を配り始めた証拠と見ることもできるが、現実的には日本の銀行は既にこのリバーサル・レートに侵されている、といっても過言ではない。

日本の銀行が、長引く金融緩和の下で、収益源である利鞘を失いつつあることは事実である。東京商工リサーチの統計によれば、全国銀行一一四行の「総資金利鞘」の中央値は、調査統計が開始された二〇〇九年三月期の〇・二九％から一貫して低下しており、いまや〇・一％台と過去最低水準にある。

中でも、利鞘がマイナスに転落した銀行が増加中であることは特筆すべきだろう。二〇一七年三月期では、大手行三行、地銀八行、第二地銀九行が、マイナス利鞘となっている。本業では赤字決算ということである。証券の含み益などの実現化で難局を乗り切る体力も徐々に低下しているのが現状だ。

リスク分析のノウハウが蓄積されなかった日本の銀行

もちろん、低金利やマイナス金利は日本に特有のものではない。ただし、米国の場合にはまだ銀行の収益性が比較的高い。そこには、長短金利差があって利鞘の確保が日本ほど困難ではないことが重要な役割を果たしているが、他の要因としても、手数料商売の多様さ、住宅ローンに加えてクレジット・カード・ローンや学資ローンなど利鞘の厚い消費者向け金融ビジネスの幅の広さ、地域密着性の強さなどを挙げることができる。

また大手米銀の場合には、自身が得意なビジネス・モデルを追求するという経営哲学が徹底している。たとえば第４章で紹介した全米を代表するＪＰモルガン・チェースは、投資銀行ではＪＰモルガンのブランドを、商業銀行ではチェースの名前をそれぞれ使い分けて展開し、さらに資産運用ニーズに応じるための資産運用の部門も内包するという総合型の金融モデルである。

一方で、全米第三位のシティグループは海外リテール戦略に定評があり、第四位のウェルズ・ファーゴはモーゲージ（住宅ローン）で最大のシェアをもつ、といった特定分野での絶対的な強みを持っている。全方位型ではなく、得意な分野で高い収益力を上げるという独自戦略の強化を図っているのである。

これに対し、日本の大手銀行はどれを選んでも同じような「金太郎飴」であり、これといった特色が浮かばない。各銀行がそうした独特のノウハウを蓄積してこなかったのは、銀行の制度設計にも問題がある。

戦後の日本の銀行の体系は、首都圏を中心に全国展開する都市銀行、地域経済に密着する地方銀行、より小規模なコミュニティと共生する信金・信組、そして長期資金提供や外国為替業務に特化する専門銀行といった区分によって共存共栄を図るシステムであった。そこにはリスク・リターン分析など不要だったのである。

高度成長期まではその欠点は表面化しなかったが、安定成長期になるとリスク分析なき信用供与の限界が滲み出す。不動産バブル崩壊はその稚拙なリスク管理の露呈であった。そのうえ、長信銀や外国為替などの専門銀行の時代は終わったとして、業界再編の中で普通銀行に統合されていき、独特の金融ノウハウ蓄積という方向性を失ってしまったのである。

資本システムにおける金融機能の主要な役割は、リスク・リターンの尺度を利用して、効率的な資金の資本化を図ることである。日本の場合、その主導権を握っていた銀行にリスク分析という重要なノウハウが蓄積されず、ユニークで強靭なビジネス・モデルが生まれなかったことは、不幸かつ不運なことであった。

4　自立力なき資本市場

先進国の株式市場とは思えない市場構造

日銀の大規模な量的緩和を正当化する際によく用いられたのが「水が高いところから低いところへ流れるように、マネーも金利を追い掛けて適切な場所へと流れる」という説明であった。マネーは金利が低いところから高いところに流れるので、積極的な緩和で金利を引き下げれば資金が高い金利を求めて動き回り経済が活性化する、というロジックは一見正しいように思える。

だがそれは、資本システムにおけるリスク・リターンという動態的な観点を無視した静態的な議論である。資金はリスクとリターンが見合った場所に流れて資本化される、というのが本来の「マネー動学」である。異次元の金融緩和は、単純なマネーの量に比例する株式、債券、為替などの資本市場では株高・債券高・円安など効果を発揮したが、銀行貸出増を通じた実体経済の底上げは期待したほど起きなかったのは当然であった。

また、資本システムにおけるおカネの性格を表すのに、水はよいたとえにならないことも事実である。たとえば、銀行を通じて資金が資本に転じるイメージは、水の流れよりもかまどの火の方が近い。

前述したように日本の銀行は、産業資本が決定的に必要という火のついたかまどの中に、預金という薪をくべて、資本主義を展開させてきた。預金が集まれば集まるほど、資本という炎は燃え盛り、経済が活性化する。だが、安定成長や低成長に転じれば、どんなに薪を投じても炎は強まらない。

そんな資本システムにおいて、日銀が量的緩和を長期化して長期金利を低位に抑えつければ「リバーサル・レート」が生じ、薪は湿って資本化に寄与する度合いも薄れていく。その悪循環は、外需拡大という幸運な景気サイクルの中で見えにくくなっているだけである。

株式市場が好調であれば、いずれ「空気」が変化して湿った薪も燃えるようになる、と期待する人も居るだろう。そのシナリオを全否定するつもりはないが、日本の株式市場には「外国人依存」「円高に弱い」「米国株次第」「日銀頼み」といった幾つもの致命的な弱さが常に付いて回る。

中でも二〇一二年一二月の安倍政権誕生以降「アベノミクス」の一環として発動された金融緩和政策の株式市場への影響度は、資本システムの面からきわめて由々しい問題を胚胎している。緩和政策の一環として、年間六兆円規模で行っている日銀のETF(上場投資信託)の買い入れの結果、多くの上場企業で日銀が事実上の大株主となっているからだ。それは、とても先進国の株式市場とは思えない市場構造である。

そして円安・円高といった為替動向に過敏に反応するのも、日本の株式市場の特質である。日本は輸出立国とのイメージが強く、輸出に逆風となる円高に滅法弱いのが日本株だ。それを意識して、安倍政権は「アベノミクス」の看板を掲げ、大胆な金融緩和を通じた「円安・株高」戦略を採ったわけだが、実際には、日本経済における輸出依存度は一五%程度に過ぎないのである。

また日本の株式市場を事実上動かしているのは海外投資家であり、国内の機関投資家は、その動向に右往左往するという主体性のなさも日本市場の特徴となっている。海外投資家の保有比率は約三〇％であるが、その売買比率は六〇％前後を占めており、先物市場では七〇％程度が海外勢と見られている。これも日本の資本システムが独自性を発揮できないことの一つの証左と言えるだろう。

資本市場が資産運用の活力を殺いでいる

地域経済に関しては依然として地銀など伝統的な金融機関の重要性が高い。金融庁は厳しい決算の続く地銀経営の将来性をかなり悲観的に見ており、経済メディアも再編の必要性ばかり強調しているが、地域経済と地域金融の両輪構造は簡単に崩れるものではない。コミュニティとリレーションに軸足を置き、デジタル経済時代の到来という地理的ハンディキャップの減退をうまく捉え、資本システムのリスク・リターン基盤を合理的に構築できれば、その経済モデルはむしろ大手銀行よりも安定性が増す可能性もある。

だが、銀行だけに依存する資本システムには問題が残る。既に従来の「貸出の為の預金を集める」という銀行の原型モデルから「集まった資金の運用先を探す」という資産運用型の金融モデルが中枢を担い始めている。

資本システムの観点からすれば、現代は資産運用会社の重要性が高まり始めた時代と言えるだろう。資産運用業は主役の銀行業を補完しつつ、一部には代替する潜在性さえ有する極めて重要なビジネス・モデルなのである。

資産運用時代への変化は、適切なリターンを投資家に与え、それを生活水準の向上やさらなる投資意欲の増大につなげる、という重要な意味がある。銀行が主役の時代に資金を提供する投資家には、預金金利しか支払われない。低金利時代にあっては、リターンはほぼゼロである。資産運用時代には、リスクも存在するがそれに見合ったリターンが期待しうる。

だが現在の日本における資産運用業の舞台は、決して整備されたものではない。前述したように、為替市場や外国人投資家に翻弄される株式市場、そして日銀に拠ってゼロ金利に封じ込められている国債市場は、資産運用業の健全な発展を阻害しているからである。

客観的に見て、同じ長期保有といっても米国株と日本株のリターンに雲泥の差があるのは明白だ。株式と債券のミックス運用ができないことは、国内において株式投資を躊躇させる遠因にもなっている。

つまり「資金を能動的に資本化する」資産運用会社の時代が見えて来たのに、肝心の資本市場がその活力を殺いでいるのである。時代の変遷を察知して銀行も資産運用業に注力しているが、日本の市場は時代の要請に応えられない。たとえば米国では、銀行の貸付債権でも証券化やファンドなどを通じて、個人投資家さえも購入できるのである。

だが、資産運用業の発展の遅れは市場構造だけの問題ではない。たとえば機関投資家に強靭な逆張りの意思が見られないことは、日本株市場の「打たれ弱さ」を増幅している。二〇〇八年の金融危機の際に、米国の著名な投資家であるウォレン・バフェット氏が、暴落した株式市場においてあえて金融株に投資したことは記憶に新しい。同氏の米国資本システムへの厚い信頼感がそこに滲み出ている。だが日本にはそうした風土が乏しく、外国人投資家が売れば売る、かれらが買えば買う、という順張りが主流となっている。

そして分散投資に関してもまだノウハウが乏しい。昨今、分散投資の重要性が認識されるようになったのは大きな進歩だが、その実践の中心は単に「運用対象を増やすこと」に置かれており、海外市場、特に潜在成長性のある新興国市場などへのリサーチは海外業者任せのケースが少なくない。魅力ある運用対象を自ら開拓していく、という意識は依然として乏しいままである。

日本では家計の貯蓄が預金・貯金に傾き過ぎている、とその保守的な行動への批判もあるが、資本システムが家計の要望に応じられない構造のままになっている点も見逃せない。

円の存在感低下という問題

そして資本システムが、資産運用業の重要性上昇の過程で「有価証券投資の時代」を迎えたのに対し、日本の通貨である円の存在感が低下する一方であることも頭の痛い問題だ。それが、ドルを擁する米国の資本システムとの大きな差であるとも言えよう。資金が資本化される過程では、より高いリターンを求めて、海外諸国や異なる通貨における資本に転換されることも少なくないからだ。

ドルが事実上の国際通貨であることは、ドルという資金が資本化される際にドルのままあらゆる市場に投じることが可能になる、ということを意味している。為替リスクがない運用がきわめて有利であることは言うまでもない。

日本ではドルは「基軸通貨」と呼ばれることが多く、ドル建て決済が世界貿易の主流であること、各国の外貨準備の大半はドルで保有されること、原油などの国際商品がドル建てで取引されること、どんなに経常赤字が拡大しても危機が発生しないこと、などのメリットに焦点を当てられる。だが資本システムの観点からは、ドルのままで世界中に投資が可能だという点もきわめて重要なのである。

ユーロもドルほどではないが、中南米や中東などの地域を中心に「資本通貨」として利用されており、第1章で述べたように、ユーロ建て市場の範囲は幅広い。ユーロは新興国や反米意識の強い国や地域で調達・運用されることが少なくないのである。また中国が人民元を準備通貨に育成しようとしているのは、貿易だけではなく、資本システムにおける投資の優位性を確保しようとする戦略であることはまちがいない。

その点でいえば、日本の通貨戦略はお寒い限りである。確かにサムライ債(非居住者による円建て発行の外国債)市場はあるが、その規模は限定的である。日本の経済や金融機関が世界を席巻していた時代、ロンドンなど海外市場におけるユーロ円を利用した債券(ユーロ円債)市場の拡大には財務省が消極的であり、海外勢の円建て債購入意欲に対して十分な対応が採られなかった。

一九九〇年代以降は日本経済の低迷を背景に円に対するニーズも後退し、円の国際金融市場に占める存在感も低迷していく。外貨準備に占める割合は、ドルの約六〇%、ユーロの約二〇%に対して円は四%前後に過ぎない。直近の話ではないが、人民元が円のシェアを上回る時代はいずれ到来するだろう。

フィンテックは資本システムにどう貢献しうるか

資本システムの将来像を想像する上で欠かせないのが、ブロック・チェーン技術を利用した暗号通貨やＡＩなどの金融への応用性であろう。いま日本だけでなく世界中の銀行が「フィンテック(Fintech)」に熱い視線を向けて、金融と先端技術の融合に注力している。

とはいえ、金融とテクノロジーの融合は新しい話ではなく、一九六〇年代のポートフォリオ理論の実践、一九七〇年代の勘定系システム導入、一九八〇年代のデリバティブズ開発、一九九〇年代の証券化商品開発など、すべて「フィンテック」の一側面であった、と言えよう。

だが昨今の金融と技術の融合は、モバイル決済や証券投資におけるロボット運用、融資判断におけるＡＩ活用そして暗号通貨の送金利用や資金調達への応用など、きわめて多岐にわたっている。今後も、世界中で新しい融合分野が次々に開発されることが予想される。

昨今の話題の中心はビットコインなど暗号通貨(仮想通貨というのは日本メディアの誤訳)の急騰、急落といった価格面での動向であるが、フィンテックが資本システムにおいてどう貢献しうるか、という点で注目されるのは「ＩＣＯ（イニシャル・コイン・オファリング）」と呼ばれる分野である。

ＩＣＯとは、資金調達を行う企業が独自の暗号通貨を開発し、投資家に「トークン」と呼ばれるデジタル資産を購入してもらう仕組みであり、従来の債券・株式の発行や銀行融資に代わる画期的な資金調達法として注目されている。

日本では暗号通貨の投機性や違法性に対する批判の嵐の中で、ＩＣＯに対しても否定的な声が圧倒的に多い。確かに詐欺的な手法が横行しており、現時点では危険も隣り合わせであるが、その利用価値に関しては、もう少し前向きに考えてみる必要があろう。

そもそも暗号通貨は当初、低コストの決済通貨としての利用価値が期待されていた。幅広い決済に利用される為には一定の価値貯蔵機能が必要だが、二〇一七年以降のビットコイン価格の大変動はとても価値貯蔵という期待に応えられるものでないことも露呈してしまった。

暗号通貨は反中央権力、反中央銀行といった土壌から生まれたものであり、先進国の政府・中銀・民間銀行に加えて大多数の経済学者らも否定的な見解を示している。その文脈の中で、ＩＣＯもまたいかがわしい取引として切って捨てられることが少なくない。

だがスイスのように、暗号通貨やＩＣＯを新たな金融モデルとして育成しようとしている国もある。スイスの金融は長らく「秘匿」を売りにしてきたが、脱税幇助などの批判が強まる中で、情報公開を迫られてきた。だが同国の金融機能へのこだわりが消滅したわけではない。

スイスの試み

その一つの証左が、チューリッヒの郊外に位置する風光明媚な「ツーク」という、スイスの中でも最も面積の小さな州の州都である。人口は三万人にも満たないが、税率が低いことで多国籍企業の本部が集まる地域でもある。そんな都市に魅せられて二〇一三年にツークに本拠地を置いたのが、暗号通貨イーサを開発した「イーサリアム財団」であった。

いまツークは「シリコン・バレー」をもじって「クリプト・バレー」とも呼ばれる、ブロック・チェーン関連企業の集積地になっている。低税率や地方分権の風土に加えて、ビジネスを規制で縮小させない行政方針が支持されている、とも言われている。

ＰｗＣによれば、二〇一七年に約五〇億ドルに達した世界のＩＣＯの二五％はスイスで行われ、金額上位一〇件のうちの四件がツーク州での取引であった、という。スイスでは暗号通貨が利用できる商店や交通機関も少なくないが、同州では住民登録さえも暗号通貨で支払うことができるなど、公的機関もその発展を支援している。

日本の場合は、行政が自身の保身を優先するあまりに、消費者の欲するニーズを止めてしまう制度設計に陥ることが多々ある。金融も例外ではない。確かに暗号通貨の交換価値は危険を孕むものであり、適度な規制は必要だが、利用価値まで否定する風潮もまた問題である。

一七世紀オランダのチューリップ球根に始まるバブル破裂の歴史は、まちがいなく交換価値の崩壊のストーリーであったが、各資産の利用価値まで消滅したわけではなかったことを、金融行政は肝に銘じるべきだろう。

暗号通貨のマイニング・コンピュータ（2018年5月17日、香港、ロイター＝共同）

第6章 世界資本システムの危機

——各地に埋め込まれた時限爆弾

1　グローバルなリスク・マップ

これまで、中国、欧州、米国そして日本の各地域における、金融危機後一〇年間の資本システムの変化をリスク面中心に概観し、課題をあぶり出してみた。中国の過剰民間債務、ユーロの不完全性、米国政治経済の不安定性、日本の過剰公的債務は、いずれも今後のグローバル資本システムに対する深刻な脅威となりうる。

だが、資本システムの今後を見据えるためには、そうした地域性を鳥瞰するようなグローバルな視野も必要になる。第1章では「資本システムのリスク・マトリクス」を項目別に並べたが、本章では筆者が描いた「グローバル資本システムのリスク・マップ」を参照しつつ、今後の世界的な危機シナリオについて考察しておきたい。

次頁のリスク・マップは、横軸にその事象が発生する確率が低いものから高いものへと並べ、縦軸にそれが発生した場合に資本システムに与える影響度が低いものから高いものへと区分したものである。右上に位置するほど危険度が高いと言えるが、左側にあるからといって軽視してよ

グローバル資本システムのリスク・マップ

影響度＼発生確率	低				高
高	先進国における物価の急上昇	日本の財政・金融リスクの顕在化	FRBの金融政策判断ミス	中国経済の不安定化	貿易戦争の影響拡大
	サウジ・イランの正面衝突	メルケル独首相の退陣	米国中間選挙で共和党失速	イタリア・リスクの増大	新興国通貨の急落
	ロシアのバルト侵攻	原油価格の急上昇	米国金融規制緩和の加速	ブレグジットの混迷	イラン核問題の混迷
低	トランプ大統領の弾劾	中南米の政治混迷	EU移民問題の再燃	北朝鮮問題の長期化	シリア問題の長期化

いというものではない。この座標は時とともに大きく変化していくからだ。

たとえば「日本の財政・金融リスクの顕在化」の発生確率は、現時点ではさほど高くないと見ているが、もし起これればその影響は国内のみならず海外の資本システムにも巨大な波紋を生じさせることになるだろう。過剰な債務に対する懸念は、景気サイクルと同じように定期的に市場を襲うものである。また日本国内の貯蓄が減少し、海外投資家の国債保有シェアが高まれば、この問題の「位置」は徐々に右側へ移動していくはずである。

すなわちこのマップは、あくまで筆者が本書執筆時点に作成したものに過ぎず、時間の経過によって変化する。また、読者それぞれにマップのイメージが異なるのも当然であろう。したがって、個々の問題を延々と説明するよりも、これらの要素から大まかに帰納される本質的な資本システムへの危機要素、すなわち「米国の通商・外交策がもたらす経済と地政学への影響」というトランプ大統領に関するリスク、「ドルの不安定性と暗号通貨の関連性」という通貨面のリスク、そして「ポピュリズムが生む市場経済の不安定化」という世界共通のリスクの三つの点に焦点を当て、本書の総括としたい。

2　地政学を揺るがすトランプ・リスク

トランプ・リスクが中国経由で新興国へ波及？

米国のトランプ大統領が世界各国に向けてしかけた「貿易戦争」は、当初は中間選挙狙いの政治的パフォーマンスであるとの見方が根強かったが、実際には「米国が世界的覇権を中国に譲ることはできない」という戦略的な意味合いが強い。したがって、この米国の保護主義的な外交・通商政策を一時的な現象と見るのは危険だろう。

トランプ大統領の視線は、既に二〇二〇年の大統領選に置かれているようにも見える。また仮に次期大統領の時代になっても、保護主義的な傾向が急転換される可能性は乏しいだろう。米国と中国が張り合う「G2時代」において、自由貿易時代はひとまず終焉したと見るのが現実的なように思われる。

米国第一主義がどのようなバタフライ効果を生むのか、正確に予想することは難しく、いずれ「通商版のブラック・スワン」があちこちに出現することになるだろう。その中で一つ、資本システムへの脅威を挙げるとすれば、中国の経済政策大転換である。

中国政府が、過剰投資・過剰生産・過剰負債といった構造問題に対処すべく、習国家主席が音頭を取って「デレバレッジ政策」、すなわち信用拡大抑制策を打ち出したことは既に第2章で述べた通りだが、貿易戦争の影響で国内景気に鈍化・悪化の気配が見られるようになれば、この政策を続行することは難しくなる。

既に二〇一八年六月以降、中国は預金準備率引き下げや人民元の下落容認など、景気への配慮を示し始めているが、いずれ明確な金融緩和方針を打ち出さざるを得なくなると思われる。その際に、既に飽和状態に達している民間債務規模がさらに拡大する可能性が生まれる。それは、中国に大規模な金融危機が発生する確率を高めてしまうことになろう。

二一世紀に入り急成長を遂げてきた中国経済に対して、世界の資本市場は常に期待と懸念の入り混じった複雑なセンチメントを抱き続けてきた。楽観派がその潜在的な成長力に希望を抱き、悲観派は積み上がる債務と不良債権への警戒感を示す中で、中国政府は時に非市場的で強引な政策を駆使しながら、問題を封じ込めつつ、成長軌道を維持してきたのである。

中国が、リーマン・ショック対応として採用した積極的な財政拡張策は膨大な債務を積み上げてきた。その巨大債務が、貿易戦争という新たな難題に対応して採られる金融緩和で暴発リスクを高めることはないのだろうか。それこそがグローバルな資本システムにとって最大の課題なのではないだろうか。

そして中国問題の表面化は、容易に他の新興国にも伝搬する。二〇〇八年に金融危機が発生して以降、二〇一三年、二〇一八年と五年ごとに新興国市場が動揺する現象が起きているが、そのいずれも米国の金融政策の軌道修正を契機とするものであった。前者はＦＲＢが量的緩和を終了するという宣言が、後者は利上げ姿勢を鮮明にするという方針が、それぞれ新興国通貨売りを加速し、債券や株の売りを誘発することになったのである。

新興国の経済や市場が米国の金融政策に揺さぶられるのは、ドルという事実上の世界通貨に支配されている以上宿命的なものであるが、今後は中国が震源地となる可能性がある。ここ一〇年の間に、東南アジアや中南米と中国経済との結びつきはきわめて密接になっているからだ。トランプ・リスクの波及効果が中国を経由して新興国に及ぶというこのリスクは、新たな資本システムへの脅威として常に認識しておく必要があろう。

地政学的変化が資本システムを変質させる

そして、トランプ大統領がまき散らす戦略なき外交策も、地政学リスクという要素を経由しつつ資本システムへの脅威となり続けるだろう。過去において、いわゆる「地政学的な変化」が国際金融や資本市場の構造を変え、資本システムの姿を変質させてきた例は少なくないのである。

たとえば現在、世界的な金融センターと言えばニューヨークとロンドンが双璧であるが、その起源をたどれば、中世のイタリアに行き着く。現代の銀行の原型や複式簿記、為替手形といった金融機能はイタリアで生まれたものである。それは、地中海をめぐる貿易をジェノヴァやヴェネチアなどイタリアの諸都市が支配していたことによる。地政学が資本システムの揺籃期の土壌となったのだ。

その後はイスラム勢力との攻防の過程で経済や金融の中心地が西へと動き、スペイン、ポルトガルそしてオランダへと変遷した後、一九世紀には英国の全盛時代が到来し、二〇世紀に入って米国が台頭することになるが、その金融の地殻変動を起こしたのは地政学であると言っていいだろう（詳細は拙著『金融史の真実』〔ちくま新書〕をご参照願いたい）。

そして、世界の貿易に利用される基軸通貨という概念を生み、二〇世紀半ばにポンドからドルへの世代交代を促したのも、二度にわたる世界大戦という地政学の乱流が大きな役割を果たしている。また共通通貨ユーロへの準備体制は、戦後の圧倒的な米国の経済力と軍事力に対抗する地政学的潮流の中で、欧州諸国が結束を呼びかけて生まれたものであった。

東西冷戦という、欧米を中心とする資本主義陣営とソ連（当時）が主導する共産主義陣営の対立が、「ユーロダラー」という、米国外で流通するドルを生んだことも、地政学と国際金融の密接な関係を象徴するものであろう。当時、資産凍結を恐れて英国に移管されたソ連保有のドルは、ロンドン市場で徐々に拡大し、冷戦という政治リスクだけでなくグローバル経済の成長論理をも巻き込む過程で、巨大な資本市場へと変身していったのである。

一方、一九六〇年代以降ベトナム戦争にのめり込んで米国の財政赤字が拡大すると、世界中にドル不安が巻き起こるようになった。フランスは率先してドルを金に換えようとしたのである。こうして一九七〇年代にはドルと金の兌換が停止され、かつ固定相場制から変動相場制へ、と為替市場の姿が一変していく。現代でも為替レートは地政学リスクに反応して上下動を繰り返すことが多いが、それは今日に特殊な現象ではないのである。

朝鮮半島の非核化がもたらすドルの存在感低下

二〇〇七～〇八年の金融危機を乗り越えて再び経済成長への軌道に戻った世界経済にも、依然として暗鬱とした地政学の問題が横たわっている。米国と北朝鮮との対話開始は、日本にとってミサイル脅威の後退というメリットはあるが、東アジアの秩序に関しては逆に不透明感が強まったことも認めざるを得ない。中国の政治的かつ経済的な影響力が一段と増すことも確実である。

現時点で、北朝鮮問題がどういう展開をへて、どういう結末を迎えるかを描くことは、筆者の能力の及ぶところではない。ただし、この東アジア問題が最終的にグローバルな資本システムにどんな影響を及ぼし得るか、という点検を怠るわけにもいかない。可能性はともかくとして、あり得るリスク・シナリオを想定しておくことは無益ではないだろう。

資本システムにとっては、米朝対話の過程で朝鮮半島の非核化に向けて動き出す、という楽観が最良シナリオである。楽観派はその確率が上昇中と見ているが、北朝鮮の真意を探ることは容易ではない。最悪のシナリオにおける軍事的・政治的・経済的帰結の予想は専門家に委ねるとして、金融的な結末だけを検討しておきたい。

筆者が想像するのは、東アジアにおけるドルの存在感の大幅な低下である。平和的な解決であれ、泥沼化するシナリオであれ、朝鮮半島における米中の政治的な勢力バランスは最終的に中国に傾き、東アジアで人民元の流通度が飛躍的に高まることは不可避と思われる。それは東南アジアにも及ぶだろう。

現在、日本を含む東アジアや東南アジアは中南米や中東と同様に「ドル圏」と見做されるが、これが将来的には「人民元圏」へと雪崩れるように変化する可能性は決して低くないだろう。どういう結末であっても、北朝鮮問題はそのトリガーとなりうる。

不穏な中東情勢　金《ゴールド》が通貨の舞台に甦る日

そしてもう一つの現代地政学問題は中東である。これまで中東問題といえばイスラエルとパレスチナ・アラブ諸国との対立が中心軸であったが、今日ではサウジアラビアとイランの間の一触即発が、最大の中東リスク要因となっている。

二〇一一年に始まったシリア内紛や二〇一五年から本格化してきたイエメン内紛は、サウジアラビアとイランの代理戦争の様相を呈している。両国が直接ことを構える可能性は低いが、それぞれに国内問題を抱えている中で、外部のライバルを徹底的に敵視する政策がエスカレートすることは十分に想定される。

中でも、サウジアラビアの次期国王候補と目されるモハメド・ビン・サルマン皇太子は、急進的な国内改革と並行して、トランプ大統領の強い支持を得てイランに対する強攻路線を採っている。イランも核合意から離脱した米国の対応に猛反発を見せるなど、対立関係はますます険悪となっている。

戦後、中東における微妙なバランスを維持してきたのは米国の外交術であった。イスラエルを支持しサウジと同盟を強化しながらも、和平の重要性を唱える、という綱渡りで中東秩序を維持してきた。だがトランプ大統領はこの路線をあっさりと放棄してしまった。何よりも、外交におけるタカ派の中のタカ派と呼ばれるボルトン元国連大使を、安全保障担当の大統領補佐官に任命したことが、すべてを物語っている。

中東情勢の今後における展開もまた筆者の予想能力を超えるが、リスク・シナリオとして想定しておくべきことは、軍事衝突や戦闘の泥沼化によって、巨額のオイルダラーが資本市場から引き揚げられ、無為な戦費へと費消される可能性である。

従来、サウジを筆頭に産油国の原油収入は、外貨準備やソブリン・ファンドを通じて主要国の国債や株式、不動産市場に投じられてきた。現在、原油価格低迷や国内支出増を通じて多くの産油国は財政赤字に苦しんでおり、資金調達の必要性に迫られている。地政学問題を契機に軍事費の急増によって一斉に外貨準備が取り崩される、といった悪夢が現実のものとなる確率は低いとしても、思惑が市場を駆け回って不安心理を増幅させるシナリオくらいは想定しておくべきだろう。

どんなに不人気であっても、トランプ大統領が二〇二〇年に再選される可能性はないとは言えない。そして北朝鮮および中東という世界の地政学が抱える二大リスクは、過去の地政学的諸問題と同様に、資本システムの構造を変える潜在力を持っている。

それは「廃貨」されたはずの金《ゴールド》を、もう一度通貨の舞台に呼び戻す契機になるかもしれない。ドル本位の国際通貨体制が強靭であることは否定しないが、資本システムはある意味で地政学の従属変数なのであり、その姿の変遷は経済学者らの想像をはるかに超えるものである。

3　通貨体制変貌の可能性

ドル一強がリスクになり始めた

経済や外交面における米国の変貌は、戦後の国際金融体制を支えてきた「ドルの一強時代」がリスクを抱え始めたことを意味している。

現在の国際経済を支える金融インフラの一つが、準備通貨の六〇％以上を占め、資本市場や商品市場の円滑な売買を可能にしているドルであることは自明であろう。二〇〇八年の金融危機の際に、そのドル建て市場が機能不全を起こしたことで、欧州や中国などからドル集中主義に対する疑念が寄せられたことは記憶に新しい。

だが現実的にドルに代替する通貨は世界に存在しない。補完通貨としてのユーロは、ギリシアなどの債務危機を通じてその通貨としての不完全性が暴露され、円は「失われた二〇年」を通じてその国際的な存在感を失った。かつて基軸通貨として世界に君臨したポンドも英国の政治経済力の低下とともに輝きを失い、ブレグジット(英国のEU離脱)決定でその地盤沈下は決定的となった。人民元は明らかに話題先行通貨であり、実力的にはまだ平幕クラスである。

米国のGDPが世界シェアの二〇%程度に低下した現在でも、ドルが事実上の「世界通貨」として流通していることの歪みは小さくない。ドルを自由に創造できる限り、どんなに経常赤字が膨らんでも経済危機には至らないという圧倒的な強みが米国にはある。海外の政府や大企業を支援する際にも、ドル調達が容易な米国金融機関が最も有利な立場にある。政治的な対立において経済制裁を行う際にも、ドルの流通を止めるという特権的な秘策を米国政府は保有している。

そしてドル資金への依存度が高い新興国は、米国の経済政策に振り回されるという苦い歴史的な宿命から脱することができない。FRBが利上げ局面に入り、金利高やドル高が進行すれば、新興国から資本が米国に還流したり、新興国の借り入れコストが上昇したりして、景気後退や経済危機に陥ることは過去に何度も経験済みである。

だが、新興国の中でも中国の経済と軍事の二一世紀以降の拡大は目を見張るものがあり、まだ米国と比肩しうる力はないにせよ、将来的に米国と中国が競い合う時代が到来することは確実視されている。その際にドルの一強体制が揺らぎ始める可能性に関しては、外貨準備のほぼすべてをドルとして保有し、経済がドル円相場に振り回されてきた日本も看過すべきではあるまい。

過去一〇年間の金融危機対応は、ドル一強体制の修復によって成果を上げた。世界経済も株式市場も、米国が中心となって回復したのである。だが、保護主義や反グローバリズムの風潮を強め、国際政治の舞台で孤立姿勢さえ見せる米国が、国際金融の場で今後も単独の主役を演じ続ける可能性は低下している。国際秩序と資本システムの安定性は、切っても切れない関係にあるからである。

トランプ大統領が米国を変えたのではなく、米国社会の変化がトランプ大統領を生んだのだと解釈しうるとすれば、米国中心の世界経済観に基づくグローバルな資本システムも、徐々にではあるが修正を求められていくことになるだろう。

市場原理と計画経済　分裂する資本システム

二〇世紀中盤以降にドルが世界通貨として君臨し得た背景に、米国の抜きんでた政治経済力と軍事力が挙げられることは第1章で述べた通りである。一九六〇年代のベトナム戦争などを契機とする「ドルの危機」を克服したのは、一九八〇年代に冷戦という地政学上の危機に勝利したことも影響している。ソ連崩壊後、世界経済を西側の資本システムが支配し、ロシアだけでなく中国までもがその資本力学体系に招き入れられることになった。

だが当時の予想とは違い、現在は「冷戦二・〇」とも言われる新たな地政学の時代に突入している。それは、圧倒的な勢力を有した欧米型の民主主義の後退と、中国の経済覇権主義やロシアの領土拡大主義への執着がもたらしたものであるが、同時に資本システムの分裂を促している。欧米流の市場を基軸とする資本システムと、中国やロシアのように国家が主導する資本システムの対比は鮮明だ。

市場原理を中核として民間のリスク・リターン分析を礎に置く資本システムと、計画経済をベースとし国家の視座でリスク・リターンを測定する資本システムとの対抗・拮抗が、どういう結末を迎えるのか、正直言えば筆者にも予想がつかない。中国の経済と国内金融の急速な発展に伴い、米国の圧倒的な強みに綻びが見え始めているからだ。貿易戦争は米国の楽勝、というトランプ大統領や株式市場の見方はきわめて皮相的である。

米国が国際秩序の維持者としての役割を外れ、日欧の存在感が低下する中で、中露両国がその穴を埋めていく国際政治舞台の展開が、資本システムに重要な影響を与えることも想定される。日本では表向きは米国型の資本システムを受けいれているが、実態面では日銀が金利体系を決め、株式市場にも大規模に介入し、政府が経済の重点施策を決める、という非市場型の国家主義的モデルに染まっているところがある。米中の異質な資本システムがぶつかり合う中で、日本の資本システムが右往左往して自身の座標軸を見失ってしまうこともあるかもしれない。

暗号通貨時代到来の予兆か

グローバルな資本システムを形成する今日の国際金融において、「ドルの一強体制」は果たしていつまで継続するのだろうか、という問題も避けては通れなくなった。トランプ大統領という予測不能型のトップを選んだ米国が地政学の姿を変質させる過程で、資本システム構造が徐々に変化していくのも必然であろう。

ここ数年で飛躍的な拡大を見せたビットコインなど暗号通貨の急速な普及は、そうした通貨体制への不安を鋭敏に感じ取った風潮なのかもしれない。暗号通貨は二〇一七年末以降の価格急落でその信用や輝きを失ったとの見方もあるが、資本システムとの関係を長期的視野で見通しておくことは、決して損にはなるまい。

現在、エコノミストは総じて暗号通貨に否定的であり、中央銀行や民間銀行なども一定の距離を置いている。ただし、世界の「反エスタブリッシュメント勢力」が現代の資本システムに抱く反感も無視できないところがある。特に二〇〇七〜〇八年の金融危機を契機として、ウォール街を中心とする大手金融機関や量的緩和を乱発する中央銀行に対する不信感が強まったことは、記憶に新しい。

景気回復に伴ってそうした反感も希薄化したように見えるが、いずれ到来する景気後退の際には、再び「反資本主義」のムード醸成の中で「反中央銀行」「反信用通貨」といった風潮が強まる可能性は決して低くない。

確かに経済学者らが指摘するように、乱高下する現在の暗号通貨には「貯蓄機能」が乏しい。ビットコインは二〇一七年末に二万ドル近くまで急騰した後、二〇一八年二月には一気に七〇〇〇ドルを割り込む暴落を演じた。一か月余りで実に六四％もの下落率である。円換算でも二二〇万円の高値から七〇万円まで、約七〇％の暴落となった。

こうした不安定さを見れば「通貨たりうる条件を満たしていない」という考察がもっともであることは論を俟たない。だが暗号通貨にヘッジ機能が加われば、そうした懸念は少なくとも軽減される。

現在の「交換価値が不安定」という暗号通貨批判は、一九七三年の変動相場制移行の際に「人々は変動する通貨に耐えられない」として、いずれ固定相場制に戻ると主張していた経済学者と同じ過ちを繰り返しているようにも見える。

資本システムは通貨の変動性に対応すべく、先物、オプション、スワップといったヘッジ機能を次々に生み出していったことを、あえて強調しておきたい。ドル不信は、円への不信と歩調を合わせた暗号通貨時代到来の一つの予兆なのかもしれないのである。

4　台頭するポピュリズム

格差拡大、富の偏在に向き合わなかった既存政党

最後に、世界に広がるポピュリズムの勢力が資本システムの機能を狂わせる力を持っていることを指摘しておきたい。第3章で欧州社会がポピュリズムの前線基地と化している点に言及したが、トランプ大統領を生んだ米国もその延長線上に置いてよいだろう。また二〇一八年六月のトルコ大統領選挙で独裁体制を確立したエルドアン氏や同年七月の大統領選挙で圧勝したメキシコのオブラドール氏も、典型的なポピュリストである。

一方で、自由貿易体制や社会民主主義という伝統的な西欧価値観をかたくなに守り続けてきたドイツのメルケル首相の存在感や指導力が急速に低下しているのが、今日の国際政治の姿でもある。

欧米における中道右派と中道左派がともに勢力を失い、ポピュリズムを前面に打ち出す政治家が台頭してきた一つの要因は、所得の格差拡大や富の偏在という重要な経済問題に対し、既存政党やエコノミストらのエリート層が冷淡であったからだ。

米国では、民主党のクリントン大統領がレーガン時代の市場重視主義を踏襲してゴールドマン・サックス出身のルービン財務長官を重用し、英国では労働党のブレア首相がサッチャー首相以来の新自由主義を踏襲し、ともに従来の労働者寄りのアジェンダを捨てることになった意味は小さくない。

それは、一九八〇年代のグローバリゼーションが市場原理の優位性を雄弁に語り、金融が経済の主軸に位置づけられ、二〇〇七〜〇八年の世界金融危機を招く温床ができあがっていった、という一連の資本システム構造と無縁ではない。景気がよくなり、企業が儲かれば必然的に労働者への分配も厚くなると盲目的に信じられていた通念が、もはや崩壊したに等しいことを、ポピュリズムの台頭は如実に物語っている。

政治家や中央銀行は、リーマン・ショックを契機に、大企業の破綻や金融機関の動揺、あるいは資本市場の乱高下といった現象に対する極度の恐怖感を抱いてしまったために、既存システムの修復や維持を最優先し、大衆を向いた政治ができなくなってしまったのである。ポピュリズムの眼には、そんな資本システムは「滅ぼすべき敵」に映った。そして、かれらの富の偏在を許容する資本システムへの攻撃は、大衆の支持を得るに至ったのである。

確かに、大企業の寡占状態や金融機関の利益優先経営、株式市場優先の金融政策、富裕層向けの減税などに対しては、是正勧告が必要だろう。現代の資本システムにはまだ欠陥が多く放置されている。

ポピュリズム政権への危険な賭け

そして意外なことに、ポピュリズムが短期的には株式市場を押し上げる力を持っている、という指摘もある。ボン大学のシュラリック教授が一九四〇年代のアルゼンチンやイタリアから今日の米国まで、過去約一〇〇年間の二七か国におけるポピュリズム政権下の市場を対象に分析した結果、政権誕生後二年間で株価は平均二七%の上昇率を記録した、という。まさにトランプ大統領の就任以降の米国株市場が示すように、株式市場のポピュリストに対する短期的判断は別物なのかもしれない。

経済学者らは「ポピュリズム的な施策は長期的には失敗する」と主張するが、ポピュリストが経済悪化、市場低迷といった時期に出現することを思えば、そうした指導者の在任中に株価が上昇することは理解できないでもない。逆に言えば、株価の上昇はポピュリズム政権を延命させる大きな原動力にもなり得るのである。トランプ人気の一因もそこにある。

だが、資本システムの機能を否定ないし軽視しがちなポピュリズム政権が永続すれば、市場経済が行きづまり、生活水準向上への道が閉ざされてしまうことにもなりかねない。システム欠陥の修正作業をポピュリストに依存することは、現代の米国を見てわかる通り、きわめて危険な賭けである。その意味で、保守派とリベラル派の協調がいまほど求められている時代はない、といってよいかもしれない。

日本ではポピュリズムが胚胎する危機への問題意識がまだ薄いように思われる。それは、強権主義的な安倍政権が長期化する中で、海外要因・景気循環要因によって得られた幸運な経済的安定感のなせる業かもしれない。だが既に指摘したように、日本の資本システム機能の低下は目を覆うばかりであり、何らかの衝撃に対してきわめて打たれ弱い状況にあることは明白である。

現時点でのリスク・マップ上の重要性があまり高くないとはいえ、日本の資本システムにもポピュリズムの弊害が広がりつつあることを、決して黙視すべきではない。だからこそ、資本システムのあるべき姿をいま一度吟味し、その健全な発展に何が必要なのかを、絶えず問い続けなければならないのである。

おわりに

金融市場の安定は、経済の持続的成長に必要不可欠な要素であることは言うまでもないが、安定とは固定のことではない。株価や為替レートなどは、常に資本システムの中で微粒子のように動いている。その市場変動が健全性を保つには、資本システムが堅牢に設計されている必要がある。

資本システムが何らかの原因で故障し、株価が暴落したり為替や債券などの価格が乱高下したりすれば、政策的にペースメーカーを導入することになる。それが、一〇年前の金融危機において各国が行った施策であった。

そしていま、ペースメーカーなしに資本システムが作動するかどうかを検証する段階に来ているが、本論で述べたように、それは決して容易な作業とはならないだろう。移植したペースメーカーが不良品であったり、正しく装着されていなかったりした可能性もある。そして、まだペースメーカーを外す時期ではない、という診断さえもありえるのだ。

そんな問題意識を踏まえ、二〇一七年秋、産業技術大学院大学の前田充浩教授が所長を務める経営倫理研究所内に「グローバル資本システム研究所」が立ち上がったのを機に「グローバル資

本システムの変遷　経済発展史への新たな視点」という基調講演を、二〇一八年一月に行った。資本システムの形成で先行してきた西欧諸国での金融史を踏まえ、現代のリスクを整理し、どう対応すべきか、という論点を提示したものだが、その内容が本書企画のスタートとなった。

資本システムの光景を概観するには、ブローデルの大著『地中海』(藤原書店、一九九一年)に描写された「都市」のイメージが参考になるかもしれない。同書はそのダイナミズムに関し、以下のように語っている。

「都市は発動機であり、回転し、活気づき、息切れし、再び前進する。発動機の故障そのものは(中略)、あらかじめ我々に運命線の占いをさせながら、変化、変動局面を語っている。(中略)都市の発動機については、順調に点火して前進したと言えるかもしれないが、新しい世紀がはじまるずいぶん前に、加速器が動かなくなった。何もかもまだ前進しているとしても、故障が増え、何やら不審な音が聞こえはじめたのだ」(浜名優美訳)

ここでいう「都市の発動機」を「市場経済の資本システム」と読み替えれば、ブローデルの一六～一七世紀における都市への問いかけは、そのまま現代経済にも適用できるように思われる。

資本システムという本書に流れる主題の通奏低音は、繰り返し述べてきたように「資金を資本化する」という旋律である。それは、筆者がまだ駆け出しのディーラーであった頃から、心の中で繰り返し問うてきたテーマであった。

我々の生活を豊かにしてきたはずの金融経済や資本市場は、時になぜ我々を苦しめるのか。マネーの健全性を歪める要因は何なのか。今日の制度設計は果たして適切と言えるのか。現代金融は明らかな間違いを修正するメカニズムを有しているのだろうか。そういった自問に対し、四〇年近い経験から「資本システム」という概念を捻り出して、それなりの自答を準備したつもりではあるが、その成否については読者のご判断に委ねることにしたい。

本書の企画と執筆を支えて下さった岩波書店の中本直子氏と、前田充浩教授に、紙面を借りてここに厚く御礼申し上げる。

平成三〇年夏

倉都康行

倉都康行

1955年生まれ。東京大学経済学部卒業後，東京銀行入行。東京，香港，ロンドンで国際資本市場業務に携わった後，バンカース・トラスト，チェース・マンハッタン銀行のマネージングディレクターを経て，現在RPテック代表取締役，産業技術大学院大学グローバル資本システム研究所長，産業ファンド投資法人執行役員，国際経済研究所シニアフェローなどを兼務。日本金融学会会員。著書に『金融史がわかれば世界がわかる』『金融vs.国家』(以上，ちくま新書)，『投資銀行バブルの終焉』(日経BP社)，『12大事件でよむ現代金融入門』『地政学リスク』(以上，ダイヤモンド社)他。

危機の資本システム　世界同時好況と金融暴走リスク

2018年10月26日　第1刷発行

著　者　倉都《くらつ》康行《やすゆき》

発行者　岡本　厚

発行所　株式会社 岩波書店
〒101-8002 東京都千代田区一ツ橋2-5-5
電話案内 03-5210-4000
http://www.iwanami.co.jp/

印刷・三秀舎　カバー・半七印刷　製本・松岳社

ISBN 978-4-00-061291-3　Printed in Japan